Die 100 Geheimnisse gesunder Menschen

David Niven

Die 100 Geheimnisse gesunder Menschen

Was Wissenschaftler herausgefunden haben und wie wir es nutzen können

Aus dem Englischen
von Christian Quatmann

Integral

Die Originalausgabe erschien 2003 unter dem Titel
»The 100 Simple Secrets of Healthy People: What Scientists Have Learned and How You Can Use It« bei HarperSanFrancisco, a Division of HarperCollins Publishers, Inc. New York.

1. Auflage 2004

Integral Verlag
Integral ist ein Verlag der Verlagsgruppe Random House GmbH

ISBN 3-7787-9158-3

Redaktion: Miriam Gries
Einbandgestaltung: HildenDesign, München: Collage aus
3 Fotografien von Yarvin und Age, © Mauritius – Die Bildagentur, Mittenwald
Herstellung: Helga Schörnig
Gesetzt aus der Goudy und Akzidenz Grotesk bei
Franzis print & media, München
Druck und Bindung: GGP Media, Pößneck

Inhalt

Einleitung

Jennifer Peterson ist mit Leib und Seele Ärztin. Sie übt ihren Beruf verständlicherweise sehr gerne aus, da sie aus eigener Erfahrung um die immensen Möglichkeiten der ärztlichen Kunst weiß. Die Schicksale ihrer Patienten gehen ihr häufig sehr nahe. Zugleich ist sie aber auch zutiefst frustriert über all die Menschen, für die weder sie selbst – wie sie meint – noch ein anderer Arzt etwas tun kann.

Es sind jedoch nicht etwa die Grenzen der medizinischen Wissenschaft, die sie beunruhigen, sondern die Verständigung zwischen Arzt und Patient, die bisweilen äußerst schwierig zu sein scheint. »In einer US-weiten Erhebung haben weniger als zwanzig Prozent der Männer angegeben, dass sie im Krankheitsfall oder bei Schmerzen einen Arzt aufsuchen würden«, so Dr. Peterson. »Dabei waren neunzig Prozent der Befragten mit ihrem Arzt durchaus zufrieden. Stellen Sie sich das mal vor. Die Leute waren fast einhellig von der Kompetenz ihres Arztes überzeugt – und wollten trotzdem, wenn irgend möglich, einen Arztbesuch vermeiden.« Auch die Befragung einer repräsentativen Ärztegruppe hat ergeben, dass allzu viele Patienten Angst vor dem Arztbesuch haben und offenbar nicht wissen, wie viel sie selbst nicht nur kurz-, sondern auch langfristig zur Verbesserung ihrer gesundheitlichen Verfassung beitragen können.

Dr. Peterson kennt zahllose Fallbeispiele, die diesen Zusammenhang beleuchten. Sie hat es in ihrem Berufsleben immer wieder mit Menschen zu tun gehabt, die sich wegen eines Verkehrsunfalls oder eines anderen Notfalls in ärztliche Behandlung begeben mussten. Bei solchen Anlässen werden dann bei den Patienten häufig weitere Symptome entdeckt, die eigentlich schon seit Jahren hätten behandelt werden müssen. Manchmal hat diese Verschleppung sogar tragische Folgen.

Dr. Peterson weist deshalb nachdrücklich darauf hin, dass wir unsere Gesundheit genauso wenig ignorieren und vernachlässigen dürfen wie unsere sonstigen Grundbedürfnisse. »Unsere Gesundheit zu ignorieren, sei es im Hinblick auf unsere Lebensgewohnheiten oder etwaige Beschwerden und Symptome, ist dumm und bringt weder im Augenblick noch auf lange Sicht irgendeinen Vorteil. Wenn wir Hunger haben, essen wir, die nötigen Lebensmittel beschaffen wir uns jedoch normalerweise bereits, bevor der Hunger sich einstellt. Das gleiche Prinzip gilt für die Gesundheit. Wenn Sie krank sind, suchen Sie den Arzt auf, doch bevor Sie krank werden, sollten Sie alles unternehmen, um möglichst lange gesund zu bleiben.«

Für Dr. Peterson sind deshalb ein gutes therapeutisches Angebot und eine angemessene Aufklärung in Gesundheitsfragen gleich wichtig: »Der Arzt kann Ihnen helfen, wenn Sie krank sind, und natürlich sollten Sie bei Bedarf professionelle medizinische Hilfe in Anspruch nehmen. Aber eine rechtzeitige Aufklärung über das richtige Verhalten kann Ihnen Ihr Leben lang zugute kommen. Wenn Sie es wollen, können Sie nämlich durchaus selbst etwas in Ihrem Leben verändern. Sie können eine kluge und vorausschauende Strategie entwickeln und auf diese Weise für Ihr künftiges Wohlergehen vorsorgen.«

Zweifellos kann ein Buch das Zwiegespräch mit dem Arzt niemals ersetzen. »Wenn Sie bereits Gesundheitsprobleme haben oder sich ernstlich Sorgen machen, müssen Sie selbstverständlich persönlich einen Arzt konsultieren. Halten Sie sich aber auch über die Fortschritte der medizinischen Forschung auf dem Laufenden, damit Sie wissen, worauf Sie in Ihrem Alltag achten sollten. Verabschieden Sie sich von Gewohnheiten, die Ihrer Gesundheit schaden, und machen Sie sich stattdessen eine Lebensweise zu Eigen, die sich auf Ihr Allgemeinbefinden positiv auswirkt.« Nach Dr. Petersons Meinung sollte ein Buch über Gesundheitsfragen vor allem »Basisinformationen enthalten, mit denen der Leser wirklich etwas anfangen kann. Viele Leute lassen sich nämlich durch solche Ratschläge durchaus beeinflussen, was wiederum ihrer Gesundheit und auf längere Sicht ihrer körperlichen Verfassung zugute kommt.«

Bei der Arbeit an diesem Buch habe ich mich deshalb von Dr. Petersons Ratschlägen leiten lassen und mich vor allem auf Studien gestützt, die dem Leser Aufschluss über gesundheitsrelevante Lebensgewohnheiten und Einstellungen geben können. Die hundert Kapitel dieses Buches enthalten daher ausschließlich Ratschläge und Informationen, die einer wissenschaftlichen Nachprüfung standhalten. Sie behandeln jeweils die wichtigsten Erkenntnisse, die es zu dem betreffenden Thema gibt, und stützen sich in ihren Empfehlungen auf die Auskünfte renommierter medizinischer Experten. Die einzelnen Kapitel sollen Ihnen dabei helfen, sich über Ihre Gewohnheiten und Einstellungen klar zu werden und sich dann einer Lebensweise zu verschreiben, die für Ihre Gesundheit wirklich dauerhaft förderlich ist.

1.

Der erste Schritt: ein durchdachter Plan

Wenn Sie ein Haus bauen wollen, erstellen Sie zunächst einen Plan. Sonst könnte es Ihnen nämlich passieren, dass Sie Türen einbauen lassen, die so schmal sind, dass der Kühlschrank sich nicht mehr in die Küche tragen lässt. Gleiches gilt, wenn Sie gesundheitsbewusster leben möchten. Mit Stückwerk kommen Sie auch in diesem Bereich nicht weiter. Die Chance, dass Sie Ihre guten Vorsätze wirklich einhalten, steigt nämlich beträchtlich, wenn Sie sich nicht nur einzelne Ziele setzen – etwa sich gesund zu ernähren, sich regelmäßig körperlich zu betätigen oder das Rauchen aufzugeben –, sondern sich für eine rundum gesunde Lebensweise entscheiden. Mit anderen Worten: Denken Sie darüber nach, was Sie tun können, um insgesamt gesünder zu leben, und erstellen Sie dann einen Plan, wie sich die notwendigen Schritte am besten koordinieren lassen. Erst wenn Sie überlegt vorgehen, fügen sich Ihre Aktivitäten wirklich zu einem Ganzen zusammen.

Noch vor sechs Jahren ging Lee buchstäblich am Stock. Jetzt stemmt der 72-jährige aus der Gegend von Chicago zwei Stunden täglich Gewichte. »Das nenne ich einen neuen Lebensstil«, sagt er.

»Eine Zeit lang war ich nicht in bester Verfassung. Ich hatte gut 20 Kilo Übergewicht, angeschwollene Knie und litt dauerhaft unter Arthritis«, erzählt er. Doch irgendwann hatte er nach eigenem Bekunden genug davon, wie ein »alter Mann« zu leben.

»Also habe ich angefangen, mich mit Ernährungsfragen zu beschäftigen und medizinische Studien und Bücher darüber gelesen, was man tun kann, um den Alterungsprozess zu verlangsamen«, sagt Lee. Er stellte seine Ernährung um und fing an, Sport zu treiben. »Seither geht es mir viel besser. Ich schlafe die Nächte wieder durch, ich habe mehr Energie, meine Magenprobleme sind weg, und auch von meinen sonstigen Zipperlein spüre ich nichts mehr.«

Dann fügt Lee noch hinzu: »Ich fühle mich wie vierzig.«

Seit einiger Zeit macht Lee sich auch in der Öffentlichkeit für eine gesunde Lebensweise stark. Er hält Vorträge über Ernährungsfragen und Fitnessaktivitäten und hat sogar eine eigene Webseite mit Gesundheitstipps im Internet.

Einer seiner größten Fans ist Kristina, die 40 Jahre jünger ist als Lee. »Ich hab mal einen von Lees Vorträgen gehört und war total begeistert von dem Mann. Als er mich dann gefragt hat, ob ich bereit bin, mein Leben völlig umzustellen, hab ich gleich eingewilligt«, erzählt Kristina. Daraufhin hat sie ihre Gewohnheiten verändert und fühlt sich besser denn je. »Wenn mir früher jemand gesagt hätte, dass irgendwann ein 72-jähriger Rentner daherkommt und mein Leben total verändert, hätte ich laut gelacht, doch genau das ist passiert.«

Das Dana-Farber's Center for Community-Based Research hat zwei vergleichende Untersuchungen durchgeführt. Die erste Studie befasste sich mit Unternehmen, die ihre Mitarbeiter in themenübergreifenden Kursen über Fragen der Gesundheitsvorsorge, der Sicherheit am Arbeitsplatz und der Nikotinentwöhnung aufklärten. Die zweite Erhebung galt Firmen, in denen diese drei Fragenkomplexe in separaten Kursen abgehandelt wurden. Dabei zeigte sich, dass von den Arbeitnehmern, die an den themenübergreifenden Seminaren teilgenommen hatten, nach zwei Jahren doppelt so viele das Rauchen aufgegeben und sich auf eine gesunde Lebensweise umgestellt hatten wie von jenen Probanden, die in separaten Kursen unterwiesen worden waren.

2.

Körperliche Vollkommenheit ist weder wünschenswert noch erreichbar

Das Streben nach einer gesünderen Lebensweise sorgt auch in anderen Bereichen für mehr Stabilität und Ausgeglichenheit. Allerdings sollten Sie sich dabei keinesfalls von dem Wunsch nach Perfektion – dem vollkommenen Körper – leiten lassen, da dies weder produktiv noch unserer Gesundheit sonderlich zuträglich ist. Wer auf absolute körperliche Perfektion aus ist, verurteilt sich nämlich selbst zum Scheitern. Denn im richtigen Leben gibt es körperliche Vollkommenheit überhaupt nicht; jede Verbesserung, die wir erreichen, führt uns sofort andere Defizite vor Augen. Bemühen Sie sich deshalb lieber um einen gesunden statt um einen »perfekten« Körper, den Sie in einer Vitrine ausstellen können.

Die ehemalige Talk-Show-Moderatorin und Komikerin Rosie O'Donnell plagte sich, solange sie zurückdenken kann, mit Gewichtsproblemen herum. Schließlich kam sie auf die Idee, einen Club zu gründen, der Übergewichtige dazu ermutigen sollte, ihre Gewohnheiten zu ändern und ihre körperliche Fitness zu verbessern. Also begab sie sich auf die Suche nach einer Fitnesstrainerin, aber: »Ich wollte keine Barbiepuppe, die den Leuten ständig zuflötet: ›Sie können es schaffen, Sie schaffen es ganz sicher.‹ Wer dauernd so jemanden vor Augen hat, denkt doch automatisch: ›So wie die werde ich ohnehin nie aussehen, also was soll's?‹ Das hätte die Leute doch nur demotiviert.«

Rosie entschied sich deshalb für Judy Molnar als Cheftrainerin, die selbst 1,83 groß ist und 95 Kilo auf die Waage bringt. »Als ich Judy zum ersten Mal gesehen habe«, so Rosie, »dachte ich: ›Die sieht ja genauso aus wie ich – also wie ein ganz normaler Mensch.‹« Judys Grundsatz »Wenn ich mich fit halten kann, dann kann das auch jeder andere« fand Rosies volle Zustimmung.

Judy hatte ein paar Jahre zuvor aus Gesundheitsgründen begonnen, regelmäßig zu gehen. Damals hatte sie noch 140 Kilo gewogen. »Zum ersten Mal in meinem Leben«, erinnert sie sich, »ging es nicht um das Thema Diät. Es ging mir auch nicht darum, mir eine Traumfigur anzutrainieren, sondern ausschließlich um meine Gesundheit.« Nachdem sie eine Zeit lang regelmäßig kräftig ausgeschritten war, fing sie an, täglich zu laufen. Und obwohl sie es eigentlich gar nicht darauf angelegt hatte abzunehmen, verlor sie plötzlich an Gewicht, »jeden Tag ein bisschen«. Ein Jahr später hatte sie über 40 Kilo abgespeckt.

Als Rosie O'Donnells Club dann einen Laufwettbewerb veranstaltete, lernte sie viele Mitglieder ihres Vereins kennen, die sie bis dahin noch nie gesehen hatte. Alle waren von der Aktion hellauf begeistert und voll des Lobes. »Die Leute haben zu mir gesagt, dass ich ihnen wieder Mut gemacht habe. Das Kompliment kann ich in der Tat nur zurückgeben.«

In einer Erhebung des US-Gesundheits- und Sozialministeriums nannten über 98 Prozent der Befragten einen körperlichen Mangel, der sie selbst störte. Mit Abstand am häufigsten erwähnt wurde dabei das Gewicht.

3.
Malen Sie nicht gleich den Teufel an die Wand

Wenn etwas mit unserer Gesundheit nicht stimmt, lassen wir uns schnell dazu hinreißen, den Teufel an die Wand zu malen. Wir befürchten, dass der Arzt uns eine grauenhafte Diagnose eröffnen und eine nicht minder grauenhafte Therapie vorschlagen wird. Wer seine Situation dermaßen schwarz malt, versetzt sich nicht nur selbst in Angst, sondern könnte auch leicht in Versuchung geraten, die nötige Behandlung tunlichst zu vermeiden. Verzichten Sie deshalb auf sinnlose Spekulationen. Gestehen Sie sich schlicht und ergreifend ein, dass Sie Ihren Zustand nicht selbst beurteilen können, und suchen Sie den fachlichen Rat eines Arztes.

Warum drücken sich so viele Menschen mit gesundheitlichen Problemen vor dem Arztbesuch? »Das ist auch für uns die große Frage«, sagt Dr. Ed Hayer aus South Carolina.

»Der Satz ›Der Arzt hat gesagt‹ hat für die Leute eine immense Bedeutung«, so Dr. Hayer. »Viele von ihnen glauben, dass der Arzt ihnen grundsätzlich nichts Positives, sondern nur schmerzliche und unangenehme Dinge zu sagen hat und dass sie deshalb durch die Wahrheit einfach überfordert sind.«

In Dr. Hayers Spezialgebiet, der Kardiologie, kann diese Einstellung katastrophale Folgen haben. »Patienten mit Herzproblemen, die rechtzeitig zu uns kommen, können wir in sehr vielen Fällen helfen. Aber die Leute zögern ihren Besuch aus Angst meist viel zu lange hinaus. Deshalb passiert es bisweilen, dass die Angst vor einer schrecklichen Diagnose dazu führt, dass man am Ende tatsächlich mit einer solchen Diagnose konfrontiert wird. Wäre der Patient schon früher gekommen, hätte sich das Problem für gewöhnlich noch relativ rasch beheben lassen.«

Nach Dr. Hayers Erfahrung ist es wesentlich einfacher, mit Menschen zu kommunizieren, die zuvor schon wegen Herzproblemen in Behandlung gewesen sind. »Da die meisten Leute Angst vor dem Unbekannten haben, fällt es ihnen leichter, sich auf eine Therapie einzulassen, wenn sie bereits wissen, was sie in etwa erwartet.«

Menschen, die Angst vor einem Arztbesuch haben, rät Dr. Hayer deshalb, sich klar zu machen: »Niemand zwingt Sie zu einer Behandlung. Sie können jederzeit wieder gehen und eine zweite Meinung einholen. Wir sind lediglich dazu da, Ihnen zu helfen.« Falls Sie sich jedoch zu einer Behandlung entschließen, sollten Sie sich stets vor Augen halten: »Sie sind jederzeit Herr des Verfahrens. Notieren Sie sich die Fragen, auf die Sie eine Antwort haben möchten. Sagen Sie es geradeheraus, wenn Sie sich bedrängt oder überfordert fühlen. Erkundigen Sie sich nach alternativen therapeutischen Möglichkeiten. Holen Sie eine zweite Meinung ein. Aber verschaffen Sie sich unbedingt Klarheit über Ihren Gesundheitszustand. Ihr Leben könnte davon abhängen.«

Forscher der Universität Michigan haben im Rahmen einer Studie Patienten mit Rückenproblemen befragt. Dabei zeigte sich, dass von den Befragten zehnmal so viele eine Operation für nötig hielten, wie eine solche tatsächlich erforderlich war.

4.

Sorgen Sie dafür, dass Sie stets gesunde Nahrungsmittel zu Hause haben

Wir alle essen das, was wir gerade vorrätig haben. Sie werden sich wundern, wie viel gesünder Sie sich ernähren, wenn Sie ungesunde Nahrung gar nicht erst im Haus haben. Wer zieht denn schon eigens los, um sich im nächsten Supermarkt eine Packung Pommes zu kaufen? Sorgen Sie lieber dafür, dass Sie gewohnheitsmäßig gesunde Lebensmittel zu Hause haben, und die Wahrscheinlichkeit, dass Sie zwischendurch mal ein Stück Obst essen, nimmt automatisch zu. Gehen Sie beim Einkauf Ihrer Lebensmittel – also in einem Zustand, in dem Sie gerade nicht hungrig sind – umsichtig zu Werke, dann werden Sie später auch gesundes Essen zur Hand haben, wenn Sie wirklich hungrig sind.

Gloria weiß um die Bedeutung unserer Essgewohnheiten. In ihrem Beruf als Ärztin erklärt sie ihren Patienten, wie viel und welche Lebensmittel sie essen sollten. Aber auch privat achtet sie darauf, sich richtig zu ernähren und nicht zu viel Gewicht anzusetzen.

»In meiner Familie gibt es fast nur übergewichtige Frauen. Deshalb war mein Schicksal eigentlich vorgezeichnet«, sagt sie. Auch wenn sie drastische Hungerkuren ablehnt, weiß sie, wie wichtig eine gesunde Ernährung ist.

Bei Gloria zu Hause gibt es Obst im Überfluss, sodass ihre vier Kinder jederzeit davon nehmen können. Fett- und zuckerhaltige Leckerbissen hat sie hingegen aus ihrem Haushalt verbannt. Außerdem gibt es jeden Abend ein warmes Essen, damit die Kinder gar nicht erst auf die Idee kommen, sich mit ungesundem Fastfood voll zu stopfen.

»Sicher hätte ich es vorgezogen, mit einem Gewicht von – sagen wir – 60 Kilo durchs Leben zu gehen«, sagt sie. »Aber wir müssen unsere Sicht auf die Dinge verändern. Statt immer nur zu schimpfen und zu jammern, sollten wir lieber etwas für unsere Gesundheit tun. Das fällt am leichtesten, wenn man möglichst nur Lebensmittel im Haus hat, die der Gesundheit zuträglich sind, und alles andere von vornherein von sich fern hält.«

Wissenschaftler der Universität North Carolina haben herausgefunden, dass mit jedem zusätzlichen Supermarkt, der in einem Wohnviertel eröffnet, die Wahrscheinlichkeit, dass die Anwohner die empfohlene tägliche Obst- und Gemüseration zu sich nehmen, um 32 Prozent zunimmt – weil es unter diesen Bedingungen leichter ist, sich nährstoffreiche Lebensmittel zu beschaffen.

5.

Ihr Körper braucht nicht tonnenweise Vitamine

Da Vitamine gut für uns sind, kann man gar nicht genug davon einnehmen, so eine verbreitete Meinung. Doch das ist leider ein Trugschluss. In manchen Fällen kann unser Körper nämlich gar nicht mehr als die empfohlene Vitamindosis verarbeiten. Bisweilen ist eine Überdosierung sogar schädlich. Sorgen Sie deshalb dafür, dass Ihr Körper ausreichend mit Vitaminen und Mineralien versorgt wird, widerstehen Sie jedoch dem Drang, für sich selbst eine eigene »Supervitaminstrategie« zu entwickeln.

»Von einem lebenswichtigen Vitamin oder Mineral zu viel einzunehmen, ist manchmal sogar gefährlicher, als ganz auf den Wirkstoff zu verzichten«, sagt Beverly McCabe-Sellers, Professorin für Ernährungswissenschaften an der Medizinischen Fakultät der Universität Arkansas. Sie verweist außerdem auf eine aktuelle Warnung des gemeinnützigen Institute of Medicine, das der Nationalen Akademie der Wissenschaften untersteht. Dieses Institut gibt bereits seit Jahrzehnten Empfehlungen darüber ab, in welchen Dosierungen wir lebensnotwendige Nährstoffe zu uns nehmen sollten. »In seinen neuesten Richtlinien hat das Institut Obergrenzen für bestimmte lebenswichtige Nährstoffe festgesetzt, etwa Substanzen wie Vitamin A, Kupfer, Eisen, Magnesium und Zink«, erklärt Dr. McCabe-Sellers.

Nach Dr. McCabe-Sellers' Auffassung ist es wichtig, dass die Bevölkerung diese Empfehlungen zur Kenntnis nimmt, da nach ihrer Erfahrung viele Menschen Vitaminpräparate in fünf- oder zehnmal so hoher Dosierung einnehmen, wie dies von Fachleuten empfohlen wird. »Obwohl Männer am Tag lediglich 900 Mikrogramm Vitamin A und Frauen 700 Mikrogramm zu sich nehmen sollten, sind in manchen Zusatzpräparaten in einer einzigen Dosis bis zu 7500 Mikrogramm des Wirkstoffs enthalten. Das überschreitet die in dem Bericht der National Academy of Science genannten Grenzwerte um deutlich mehr als das Zweifache.«

Dr. McCabe-Sellers' abschließender Kommentar: »Das ist nun definitiv des Guten zu viel.«

Ärzte am Dana-Farber's Cancer Institute in Boston haben herausgefunden, dass Krebspatienten durch Überschreitung der empfohlenen täglichen Vitamin- und Mineraldosierungen ihren Gesundheitszustand eher noch verschlechtern und zudem die Wirksamkeit einer konventionellen Krebstherapie beeinträchtigen können.

6.

Sie entscheiden durch Ihr Verhalten selbst über Ihre Gesundheit

Unsere Gesundheit ist kein Glücksspiel – wir werden nicht zufällig von Krankheiten heimgesucht. Natürlich haben wir unsere Gesundheit nicht völlig unter Kontrolle, nichtsdestotrotz hängen viele Erkrankungen von unseren Entscheidungen und von unserem Verhalten ab.

Karen hat in ihrer Familie hautnah miterlebt, was Krankheit bedeutet. Ihre beiden Eltern sind an Krebs gestorben, und sie hat mit eigenen Augen gesehen, welche Qualen ihr Vater und ihre Mutter in den letzten Stadien der Erkrankung zu erleiden hatten.

Sie hat sich intensiv mit dem Thema befasst, weil sie ihren Eltern beistehen wollte. »Ich wollte ihnen unbedingt helfen, aber eine Wunderkur habe ich nirgends gefunden. Durch die Lektüre habe ich allerdings begriffen, dass wir das Risiko, von einer schweren Krankheit heimgesucht zu werden, drastisch reduzieren können. Deshalb glaube ich, dass ich es dem Andenken meiner Eltern schuldig bin, ein gesundes Leben zu führen.«

Also stellte Karen ihre Ernährung um und trainierte fortan ihren Körper durch Laufen und Wandern. »Das ist nicht nur gut für die Gesundheit, sondern auch für die Psyche«, sagt sie. »Und darauf kommt es schließlich an.«

Dadurch dass Karen nun regelmäßig Sport trieb, verbesserte sich ihre Kondition und ihr allgemeines Wohlbefinden. Ihr Interesse an dem Thema führte sogar dazu, dass sie noch in mittleren Jahren einen neuen Beruf erlernte. Sie wurde Physiotherapeutin und zeigt anderen Menschen, was sie tun müssen, um körperlich fit und beweglich zu bleiben.

Karen arbeitet heute aber nicht nur mit Menschen, die durch Gymnastik und Sport Krankheiten vorbeugen möchten, sie hat auch Übungsprogramme für Krebskranke entwickelt. Wissenschaftliche Untersuchungen haben nämlich gezeigt, dass körperliche Aktivitäten die Heilungschancen der Patienten verbessern.

Mittlerweile kann sie sich gar nicht mehr vorstellen, anders zu leben. »Wenn ich nur zu Hause herumsitze, fühle ich mich schrecklich.«

In der Rangfolge der Krankheiten, vor denen sich die Menschen in der westlichen Gesellschaft am meisten fürchten, steht Krebs ganz oben. Die meisten Menschen glauben, dass es so gut wie unmöglich ist, eine Krebserkrankung zu verhindern. Forscher der Mayo-Klinik haben jedoch herausgefunden, dass die Hälfte aller Krebserkrankungen auf persönliche Vorlieben zurückgehen wie Bewegungmangel, fettreiche Kost oder Rauchen.

7.
Nehmen Sie sich Zeit

Die meisten Menschen haben das Gefühl, dass der Tag einfach zu kurz ist. Wir stürzen uns von einer Aktivität in die nächste und lassen es erst genug sein, wenn der Tag vorbei ist. Dabei können wir uns im Laufe des Tages sehr leicht etwas Zeit für uns selbst nehmen. Im Übrigen sind solche kleinen Rückzüge durchaus kein Luxus. Vielmehr entsprechen sie unserem angeborenen Lebensrhythmus. Nehmen Sie sich deshalb jeden Tag die Zeit, einfach nur dazusitzen, nachzudenken und auf Ihre Empfindungen zu achten.

Als er aufgefordert wurde, die Augen zu schließen, seinen ganzen Körper zu schütteln und die Glieder völlig unkontrolliert schlenkern zu lassen, wuchsen in Kevin die ersten Zweifel, ob er sich da nicht auf das Falsche eingelassen hatte.

»Ist der Typ noch ganz dicht?«, fragte sich der New Yorker Feuerwehrmann, als er erstmals an einem der von Dr. Jim Gordon angebotenen Kurse teilnahm. Diese Kurse sollten den seit dem 11. September unter einem schweren Schock stehenden Feuerwehrleuten dabei helfen, ihre Erfahrungen zu verarbeiten. Dr. Gordon hatte zu diesem Zweck eine Therapie entwickelt, in der meditative, Yoga- und weitere alternative Verfahren zum Einsatz kamen.

Der Workshop fand kurz nach dem Ende der neunmonatigen Aufräumungsarbeiten statt. So lange hatte es gedauert, sämtliche Leichenteile und Trümmer vom Schauplatz des Grauens fortzuschaffen. Inzwischen macht Kevin seine Meditations- und »Schüttel«-Übungen fast täglich, um sich von Stressgefühlen zu befreien.

»Das beruhigt ganz außerordentlich«, sagt Kevin, der Dr. Gordon inzwischen dabei hilft, Kurse für die Feuerwehrleute der Stadt zu organisieren.

Zuvor hatte Dr. Gordon während der Präsidentschaft Bill Clintons zwei Jahre lang eine vom Weißen Haus eingesetzte Kommission geleitet, die Möglichkeiten einer komplementären und alternativen Gesundheitspolitik aufzeigen sollte. Außerdem hat er seine Methode bereits erfolgreich an Überlebenden der Kriege in Bosnien und im Kosovo getestet. Schließlich ist er noch der Begründer des Center for Mind-Body Medicine in Washington, D. C. Und so kam er auf die Idee, sein Verfahren den Bedürfnissen der New Yorker Feuerwehrleute anzupassen.

Doch wie bringt man einen Feuerwehrmann dazu, sich in Yoga-Manier auf eine Matte zu legen, sich von sanfter Musik berieseln zu lassen, zu meditieren und nichts weiter zu tun, als regelmäßig zu atmen – Übungen, die den meisten Anfängern laut Dr. Gordon zunächst einigermaßen »lächerlich und verrückt« erscheinen.

»Wir sagen den Leuten: ›Sie sind doch praktische Menschen. Am besten, Sie versuchen es einfach und beurteilen dann selbst, was es bewirkt‹«, erklärt Dr. Gordon. »Die meisten entgegnen: ›Na gut, Doktor, ich hab zwar von diesem Zeug noch nie was gehört, aber wenn es hilft, können wir es ja mal probieren.‹«

Kevin versucht seine Kollegen auch mit dem Argument zu gewinnen, dass es sich bei Dr. Gordons Behandlung um eine in hohem Maße selbst gesteuerte, unabhängige Therapieform handelt, die für hartgesottene Feuerwehrleute eigentlich genau das Richtige sein müsste. »Es geht dabei um ganz einfache Übungen, mit denen ihr euch selbst helfen könnt.«

Forscher der Universität Wisconsin haben herausgefunden, dass Menschen, die regelmäßig meditieren, über mehr – für die Krankheitsbekämpfung erforderliche – Antikörper verfügen als andere.

8.

Vergessen Sie Ihre Bakterienphobie

Es gibt antibakterielle Seife, antibakterielle Reinigungsmittel, ja sogar antibakterielle Kochflächen. Doch leider hat der Krieg gegen die Bakterien zwei wichtige – und schädliche – Nebenwirkungen. Wenn wir uns unentwegt vor dem Kontakt mit Bakterien schützen, hindern wir unseren Körper daran, seine Abwehrkräfte – oder sein Immunsystem – voll zu entwickeln. Das kann dazu führen, dass bakterielle Erkrankungen in Zukunft einen wesentlich bedrohlicheren Verlauf nehmen als eigentlich nötig. Wenn wir flächendeckend sämtliche Bakterien mit irgendwelchen Mitteln bekämpfen, schalten wir zwar die große Mehrzahl dieser Erreger tatsächlich aus, tragen aber zugleich dazu bei, dass sich resistente Bakterienstämme bilden können, gegen die dann kein Kraut mehr gewachsen ist. Und so bekommen wir es plötzlich mit Erregern zu tun, die wesentlich robuster sind, als dies ohne unseren Abwehrkampf der Fall wäre. Natürlich sollten Sie regelmäßig Ihre Hände waschen und keine ungekochten Lebensmittel essen, doch besteht überhaupt kein Grund, dass Sie sich selbst oder Ihre häusliche Umgebung unentwegt flächendeckend mit antibakteriellen Reinigungsmitteln attackieren.

Von Kindesbeinen an wird uns beigebracht, dass Reinlichkeit das A und O ist. Kann übertriebene Reinlichkeit aber auch schädlich sein? Mit dieser Frage beschäftigt sich Stuart Levy, ein Genetiker von der Tufts-Universität.

Wenn wir uns selbst und unsere Wohnung pausenlos antibakteriellen Reinigungsmitteln aussetzen, schwächen wir womöglich unser Immunsystem, sagt Dr. Levy. Wir töten nämlich auf diese Weise nützliche Keime und regen die Entwicklung mutierter Superbakterienstämme an.

Dr. Levy erinnert sich wehmütig an jene weit zurückliegenden Tage, da die Kinder ihr starkes Immunsystem nicht zuletzt dem Umstand verdankten, dass sie sich noch richtig schmutzig machen durften. Deshalb rät er uns, dieselben Reinigungsmittel zu verwenden wie schon unsere Eltern: einfache Seife und Wasser. Ferner sind ihm angeblich keine Beweise dafür bekannt, dass antibakterielle Mittel tatsächlich unserer Gesundheit zugute kommen.

»Das heute so verbreitete, geradezu zwanghafte Bemühen, sich vor jedem Keim, jedem Hundehaar und jeder Staubfussel zu schützen, könnte sich eines Tages noch rächen. Ja, vielleicht führt uns das ganze Arsenal an Reinigungsmitteln, die wir zu Hause horten, irgendwann einmal direkt in unser Verderben. Denn unser Immunsystem ist inzwischen durch antibakterielle Reinigungsmittel und Lysol so verwöhnt, dass es sich nicht mehr die für die Krankheitsbekämpfung nötigen Muskeln antrainiert«, klagt Dr. Levy.

»Wenn wir so weitermachen, haben die Leute in unserer Gesellschaft demnächst ein so schwaches Immunsystem, dass uns bereits jeder kleinste Windhauch voll umhaut. Dabei wissen wir heute besser denn je, dass Schmerzen und Angst ganz einfach zu unserem Dasein dazugehören«, betont er.

Ärzte vom Hackensack University Medical Center haben herausgefunden, dass viele der Bakterien auf unserer Haut eine Schutzfunktion haben. Sie verhindern, dass sich dort schädliche Bakterien ausbreiten und Krankheiten erzeugen können. Sind diese Bakterien nicht mehr da, können sie auch ihre Aufgabe nicht erfüllen. Deshalb entfernen wir zugleich mit den schlechten auch die guten Bakterien, wenn wir uns mit antibakteriellen Duschgels und Körperseifen waschen.

9.

Schlechte Gewohnheiten können Sie in jedem Alter ablegen

»In meinem Alter kann ich doch ohnehin nichts mehr für meine Gesundheit tun.« Viele Leute glauben, dass ihre Gewohnheiten ein für alle Mal festgelegt sind und dass es ohnehin nichts nützen würde, das eine oder andere noch zu ändern. Doch das ist ganz falsch: Selbst in fortgeschrittenen Jahren können neue Verhaltensweisen Ihrer Gesundheit noch zugute kommen. Hören Sie auf, darüber zu jammern, was Sie in der Vergangenheit alles versäumt haben. Wichtig ist nur, was Sie in der Zukunft für sich tun.

Richard würde nie auf die Idee kommen, sich als »Senior« zu bezeichnen. Und wer ihn einmal bei einem Triathlonwettkampf erlebt hat, würde wahrscheinlich ebenso wenig auf diesen Gedanken verfallen.

Mit seinen 66 Jahren hat er bereits in acht derartigen Wettkämpfen den Sieg in seiner Altersgruppe davongetragen und ist dabei häufig vor Männern ins Ziel gekommen, die gerade mal halb so alt waren wie er selbst. Bei einem Triathlonwettkampf müssen die Teilnehmer zuerst 400 Meter schwimmen, direkt im Anschluss 20 Kilometer mit dem Fahrrad fahren und unmittelbar danach fünf Kilometer laufen.

Die schwierigsten Situationen bei einem solchen Triathlon sind laut Richard die Übergänge, also etwa der Augenblick, da man aus dem Wasser steigt und die Radfahrerkluft überstreift. Denn die Uhr läuft pausenlos weiter. »Man muss einfach versuchen, bei allem, was man tut, so schnell wie irgend möglich zu sein«, erzählt er.

»Bei meinem bislang letzten Triathlon hatte ich ungefähr 200 Konkurrenten. Es hat Spaß gemacht, zu den Schnellsten zu gehören. Dieser Wettkampf war nur für Leute über fünfzig. Sogar ein Mann und eine Frau zwischen fünfundsiebzig und achtzig haben mitgemacht. Ja, selbst eine 86-jährige Frau hat im Wechsel mit ihrem 62-jährigen Sohn teilgenommen«, erzählt Richard.

Im Übrigen hat er keinesfalls die Absicht, kürzer zu treten oder in Zukunft auf Triathlonwettkämpfe zu verzichten. »Ich glaube, das Alter ist nur eine Zahl, und das Leben ist das, was man selbst daraus macht.«

Forscher der Case Western Reserve University haben herausgefunden, dass gesteigerte körperliche Aktivität bei Menschen über zweiundsiebzig nicht nur das gesundheitliche und seelische Gesamtbefinden deutlich verbessern, sondern auch die Lebenserwartung um 20 Prozent steigern konnte.

10.

Hände weg vom Jungbrunnen!

Die Anpreisungen scheinen verlockend: Jünger aussehen! Sich jünger fühlen! Den Alterungsprozess umkehren! Und das alles mithilfe einer Pille oder Creme. Natürlich hält die Wirklichkeit solchen Versprechungen nicht stand. Man kann Jugend nicht für Geld kaufen. Tatsächlich ist der Versuch nicht nur reine Geldverschwendung, Sie können sich dadurch sogar selbst schaden. Richten Sie Ihre Energie daher lieber auf Verhaltensweisen, die den Wirkungen des Alterungsprozesses ihre Spitze nehmen können.

Es ist eine schlichte Tatsache: »Nicht ein einziges derzeit im Handel erhältliches Präparat ist in der Lage, den Alterungsprozess des Menschen zu verlangsamen, aufzuhalten oder gar umzukehren. Jedenfalls gibt es für diese Behauptung keinen einzigen wissenschaftlichen Beleg«, so Dr. Jay Olshansky von der Universität Illinois in Chicago.

Dr. Olshansky warnt die Verbraucher regelmäßig vor Anti-Aging-Produkten, die völlig unrealistische Erwartungen wecken. Eines dieser Produkte soll – laut Eigenwerbung – schon zahlreichen Berühmtheiten geholfen haben wie etwa Prinzessin Caroline von Monaco, John Wayne, Yul Brunner, Anthony Quinn, Natalie Wood, Red Buttons oder Fred McMurray. Doch damit nicht genug: Vor dem Untergang der Sowjetunion sollen sogar KGB-Mitarbeiter das Präparat benutzt haben. Deshalb kann sich Dr. Olshansky die Bemerkung nicht verkneifen: »Seltsamerweise ist jedoch nicht nur der Erfinder des Produktes inzwischen verstorben, sondern auch viele der Promis, die sein Mittel angeblich so erfolgreich am eigenen Leib ausprobiert haben.«

Allerdings, so Olshansky, »handelt es sich hier bloß um eines von zahlreichen Produkten, die in aller Welt vertrieben werden und von sich behaupten, dass sie den Alterungsprozess des Menschen verlangsamen oder gar umkehren können. Bislang haben diese Produkte indessen lediglich unter Beweis gestellt, dass sie die Taschen derjenigen zu füllen vermögen, die sie vermarkten.«

Dr. Olshansky gibt deshalb zu bedenken: »Obwohl die Wissenschaft auf mittlere Sicht tatsächlich imstande sein dürfte, den einen oder anderen mit dem Altern verbundenen Prozess gezielt zu beeinflussen, gibt es derzeit noch nirgends ein Produkt zu kaufen, das die Auswirkungen des Alterns stoppen, geschweige denn rückgängig machen könnte.«

Die Amerikaner geben im Jahr mehr als 15 Milliarden Dollar für Anti-Aging-Produkte aus. Nach Auskunft der amerikanischen Aufsichtsbehörde General Accounting Office (GAO) ist jedoch bislang keines dieser Produkte von einer unabhängigen staatlichen Wissenschaftseinrichtung getestet worden. Die Mehrzahl der Mittel muss diesen Angaben zufolge sogar als schädlich gelten.

11.

Immer Recht haben schadet der Gesundheit

Menschen mit einem makellosen Selbstbild, die andere gering schätzen, geraten am Ende meist in eine Stress- und Wutspirale, da sie permanent von der Welt enttäuscht sind. Sich selbst ständig im Recht zu fühlen ist weder im Umgang mit anderen hilfreich, noch kommt es der eigenen Gesundheit zugute. Bringen Sie deshalb nicht nur Verständnis für Ihren eigenen, sondern auch für die Standpunkte anderer auf.

»Das Gefühl, dass Sie besser als alle anderen und pausenlos im Recht sind, mag auf den ersten Blick wie eine Stärke erscheinen. Doch in Wahrheit führt es nur in die Isolation. Denn es erzeugt immense Spannungen«, sagt Dr. James Coyne, Professor für Psychiatrie an der Universität Pennsylvania.

Aber auch gesundheitlich bleibt diese Einstellung nicht ohne Folgen. »Wir haben festgestellt, dass die Unfähigkeit, mit anderen auszukommen, nicht nur Zahnprobleme und Magengeschwüre verursachen kann, sondern sogar Herzbeschwerden.«

Die Fähigkeit, sich anderen eng verbunden zu fühlen, kann aber nicht nur gesundheitliche Probleme verhindern, sondern auch nach einer Krankheit den Genesungsprozess beschleunigen. »Selbst wenn der Genesungswille des Patienten eher schwach ausgeprägt ist, kann eine enge Verbundenheit mit anderen die Dinge wieder ins Lot bringen«, sagt Dr. Coyne.

In Extremfällen kann Starrköpfigkeit sogar zu einer Überlebensfrage werden. Dr. Coyne und seine Kollegen haben die häuslichen Streitigkeiten diverser Herzpatienten auf Video dokumentiert und dann – je nach Negativität der Interaktion – verschiedenen Gruppen zugeordnet. Herzpatienten, die sich in derartigen Konfliktsituationen besonders negativ verhielten, verstarben innerhalb der folgenden vier Jahre 1,8-mal so häufig wie solche, die eine positivere Bewertung erhielten. »In der Tat ein ziemlich beeindruckendes Ergebnis«, so Dr. Coyne.

Forscher der Universität Bradford in England haben herausgefunden, dass Selbstgerechtigkeit – also die Auffassung, dass man selbst stets Recht und andere grundsätzlich Unrecht haben – in 62 Prozent aller Fälle wegen intensiver Stress- und Wutgefühle die Funktion des Immunsystems beeinträchtigt.

12.

Die Beine hoch – ein Segen für Körper und Geist

Ruhe ist ein entscheidender Bestandteil unseres Lebens – allerdings nur in Maßen. Zu viel Zeit auf dem Sofa oder im Sessel lässt uns körperlich und geistig erschlaffen. Genauso wenig wie Sie erwarten würden, dass ein Wagen, der 20 Jahre in der Garage gestanden hat, fahrtüchtig ist, können Sie von sich selbst verlangen, dass Ihr Körper und Geist fit sind, wenn Sie diese nicht regelmäßig trainieren.

Mary strich das Geld ein, das sie im Gemeindezentrum von Beachwood im Nordosten von Ohio gerade beim Bridge gewonnen hatte. »Echt abgesahnt«, sagte sie mit einem Augenzwinkern, während sie die 6,50 Dollar in Münzen in ihre Handtasche schaufelte. Die möglichen Gewinne sind allerdings nicht der Grund, weshalb sie sich regelmäßig mit einigen anderen Frauen zum Bridge trifft. »Das Spiel hält mich geistig fit.« Ihre Mitspielerinnen pflichten ihr bei.

Auch wenn die Damen es selbst vielleicht gar nicht wissen, neuere

Forschungen zeigen, dass sie Recht haben. Interessante Kartenspiele oder jede andere soziale oder intellektuelle Aktivität halten unseren Geist – und damit zugleich auch unseren Körper – wesentlich länger in Schwung.

Der Neurologe Dr. Robert Friedland vom Medizinischen Institut der Case Western Reserve University sagt: »Eine wachsende Zahl von Studien unterstützt die Theorie, dass geistige Aktivitäten das Gehirn und den Körper gesund erhalten. Das Gehirn ist wie jedes andere Körperorgan«, fährt er fort. »Es altert störungsfreier und gesünder, wenn es tatsächlich genutzt wird.«

Unter dem Mikroskop sind im Hirngewebe von Alzheimer-Patienten zahllose Ablagerungen zu erkennen, die aus abnormal zusammengeklumpten Proteinen bestehen, erklärt er. Außerdem sind bei diesen Patienten zahlreiche Verbindungen zwischen den Gehirnzellen gekappt und bilden ein regelrechtes Wirrwarr. Geistige Aktivität hingegen fördert die Durchblutung des Gehirns und sorgt dafür, dass die Gehirnzellen vielfältig miteinander vernetzt sind. Gleichzeitig stärkt sie die Krankheitsresistenz des Körpers. Ein gesundes Gehirn kann sich zudem erfolgreicher gegen die negativen Auswirkungen der Ablagerungen und der verworrenen Verbindungen zur Wehr setzen, falls sie auftreten sollten.

Das denkende Gehirn ist wie ein Spitzensportler, der seine Leistungsfähigkeit durch regelmäßiges Training immer mehr verbessert. Deshalb kommt jede geistige Aktivität den Abwehrkräften des Gehirns zugute.

»Erlernen Sie ein Instrument, besuchen Sie ein Shakespeare-Seminar, lernen Sie Portugiesisch«, sagt Dr. Friedland. Oder treffen Sie sich regelmäßig zum Kartenspielen – wie Mary und ihre Freundinnen.

Forscher von der Columbia-Universität in New York haben über einen Zeitraum von sieben Jahren fast 2000 Personen beobachtet, die 65 Jahre und älter waren. Jene Personen, die sich in ihrer Freizeit aktiv geistig betätigten – zum Beispiel lasen, Gesellschaftsspiele spielten oder sich auch nur mit Freunden unterhielten –, konnten ihr Alzheimer-Risiko um 38 Prozent reduzieren. Umgekehrt: Je mehr Zeit die Betreffenden untätig verbrachten – zum Beispiel einfach auf dem Sofa lagen –, umso langsamer reagierte ihr Gehirn auf Reize und umso schwächer war ihr Immunsystem, was ihre Krankheitsanfälligkeit deutlich erhöhte.

13.
Esst mehr Spinat!

Lebensmittel, in denen viel Folat, das heißt ein bestimmtes Vitamin B, enthalten ist, können das Risiko eines Schlaganfalls oder einer Herzerkrankung erheblich reduzieren. Wer zweimal täglich Tomaten und grüne Blattgemüse wie Spinat oder Romanasalat, Bohnengerichte und Getreideprodukte zu sich nimmt, kann den Spiegel einer bestimmten Aminosäure senken, die einen Schlaganfall oder eine Herzerkrankung begünstigt.

Trotz seines hohen Nährwerts essen außer Popeye nur wenige Menschen täglich Spinat. Forscher der Universität Arkansas schlagen deshalb eine einfache Lösung vor: Belegen Sie Ihr Sandwich statt mit Eisbergsalat lieber mit Spinat. Und was das Tollste daran ist – Sie werden nicht einmal den Unterschied schmecken.

Die Ernährungswissenschaftlerin Marjorie Fitch-Hilgenberg befasst sich mit der Frage, wie wir mehr Nährstoffe in unsere Ernährung einschleusen können. »Wir wissen, dass die Leute einfach nicht so viel Gemüse essen, wie sie sollten, und infolgedessen die in Gemüse enthaltenen Nährstoffe nicht in ausreichender Menge aufnehmen«, erklärt Professor Fitch-Hilgenberg. »Wir empfehlen daher, die Lebensmittel, die Sie ohnehin zu sich nehmen, mit Spinat anzureichern. Auf diese Weise können Sie Ihre Ernährung deutlich verbessern.«

Als die Forscher deshalb den Eisbergsalat, mit dem die meisten Sandwichkreationen garniert sind, durch Spinat ersetzten, stellten sie fest, dass die Versuchspersonen die mit Spinat belegten Sandwiches genauso schmackhaft fanden wie die mit Salat garnierten. Hinzu kam, dass keinem der Probanden die Veränderung überhaupt aufgefallen war. »Nur ein oder zwei Personen haben erwähnt, dass der Salat ungewöhnlich grün aussieht«, so Professor Fitch-Hilgenberg. »Geschmacklich haben sie sonst absolut nichts bemerkt.«

Aber Professor Fitch-Hilgenberg hat ihre Theorie nicht nur an Versuchspersonen erprobt, sie hat auch ihrer Tochter und ihrem Ehemann kürzlich Tacos mit Spinat statt grünem Salat aufgetischt. »Die zwei haben reichlich davon gegessen«, sagt sie. »Neuerdings kommt bei mir in alle Salate etwas Spinat. Wenn ich den beiden nichts davon sage, merken sie es nicht einmal.«

Forscher der Tulane University haben herausgefunden, dass Menschen, die zweimal am Tag eine folatreiche Mahlzeit zu sich nehmen, ihr Schlaganfallrisiko um 20 und die Gefahr einer Erkrankung der Herzkranzgefäße um 13 Prozent reduzieren. Leider nehmen jedoch nur 32 Prozent der Amerikaner täglich ausreichend Folat zu sich.

14.
Auch Sorgen können der Gesundheit schaden

Das Gefühl eines Kontrollverlustes, aber auch Angst und Minderwertigkeitskomplexe beeinträchtigen nicht nur die Lebensqualität, sondern stellen zusätzlich eine große Bedrohung für die Gesundheit dar. Wer sich widrigen Umständen schutzlos preisgegeben fühlt, weicht leichter von einer gesunden Lebensweise ab. Wir eignen uns ungesunde, ja schädliche Gewohnheiten an – beispielsweise »Frustfressen«, wie der Volksmund sagt –, um uns über unser Elend hinwegzutrösten. Dieser Trost hält allerdings nur kurz an, die gesundheitlichen Folgen hingegen sind von Dauer.

»In den USA ist nach Auskunft des amerikanischen Zentrums für Krankheitskontrolle und -prophylaxe Stress die Hauptursache für zwei Drittel aller ärztlichen Hausbesuche und verantwortlich für die Hälfte aller Todesfälle unter 65 Jahren. Stress ist aber auch an den meisten Herz-, Magen- und psychischen Erkrankungen beteiligt und verursacht häufig

Kopfschmerzen, Rückenprobleme, Bluthochdruck und einen erhöhten Cholesterinspiegel durch unkontrollierte und ungesunde Ernährung. Meine Untersuchungen an Studenten haben ergeben, dass die Zahl der körpereigenen Killerzellen, die Infektionen und Tumoren bekämpfen, in Stressphasen, beispielsweise vor wichtigen Terminen oder Prüfungen, deutlich abnimmt«, sagt Dr. Janice Kiecolt-Glaser von der Ohio State University.

»Unter Stresseinfluss werden vor allem die beiden Hormone Adrenalin und Kortisol ausgeschüttet. Diese Hormone verschaffen dem Körper aber nicht nur einen Energieschub, sie blockieren zudem unser Immunsystem«, erklärt Dr. Kiecolt-Glaser. Wenn die Angriff-oder-Flucht-Reaktion zu oft aktiviert wird, kann dies ganz unterschiedliche Körperfunktionen überfordern und beispielsweise Bluthochdruck und Herzprobleme verursachen.«

Dr. Kiecolt-Glaser schlägt jedoch nicht etwa vor, Stress prinzipiell zu vermeiden, was ohnehin nicht möglich ist. Allerdings sollte jede/r von uns dafür sorgen, dass er/sie sich nicht durch Stress und Angstgefühle »auffressen« lässt.

Die Gruppe der von Dr. Kiecolt-Glaser beobachteten Medizinstudenten, die während anstrengender Prüfungswochen regelmäßig Entspannungsübungen machte, hatte im Vergleich zu anderen Prüfungskandidaten, die auf solche Übungen verzichteten, »ein signifikant leistungsfähigeres Immunsystem«.

Forscher der Universität Kalifornien in Irvine haben herausgefunden, dass Menschen, die oft unter Angstzuständen leiden, siebenmal häufiger dazu tendieren, sich ungesunde Lebensgewohnheiten anzueignen, als Menschen, die sich von ihrer Angst nicht außer Gefecht setzen lassen.

15.

Fitness kostet nichts

Die imposanten Fitnessgeräte, die wir aus der Fernsehwerbung kennen, erwecken den Eindruck, als ob wir nur dann richtig leben würden, wenn wir uns an einer solchen Maschine abschinden. In Wahrheit ist es für unsere körperliche Fitness aber bereits ausreichend, wenn wir ein paarmal die Woche einen flotten Spaziergang machen oder joggen – und das ist auch noch kostenlos. Gegen teure Trainingsgeräte oder die Mitgliedschaft in einem entsprechenden Club ist nichts einzuwenden, wenn Sie dies möchten, für Ihre Gesundheit ist jedoch weder das eine noch das andere erforderlich.

Linda ist seit 20 Jahren regelmäßig auf den Wegen des Oglebay Parks in Wheeling, West Virginia, zu Fuß unterwegs. Heutzutage trifft sie dort allerdings deutlich mehr »Mitstreiter« als früher.

Eine groß angelegte Werbekampagne im Fernsehen und in der Presse, in der auf die gesundheitsfördernde Wirkung des zügigen Gehens hingewiesen wurde, hat inzwischen Tausende aus ihrer Lethargie aufgerüttelt und zum Gehen animiert. Ja, die Kampagne hat dazu geführt, dass die Zahl der Menschen, die fünfmal die Woche mindestens eine halbe Stunde spazieren gehen, um 32 Prozent zugenommen hat.

Auch wenn die Amerikaner im vergangenen Jahr fast sechs Milliarden Dollar für Heimtrainer ausgegeben haben, vermag Linda den Sinn dieser Investition nicht recht zu erkennen. »Gehen ist die angenehmste Art, etwas für die eigene Fitness zu tun«, sagt Linda, die gerade einen flotten Morgenspaziergang mit ihrem Hund hinter sich hat. »Man braucht dazu keine Geräte. Man kann es in Begleitung oder auch alleine machen. Man kann selbst bestimmen, ob man sich langsam oder schnell fortbewegt.«

Seit sie regelmäßig geht, fühlt sich Linda körperlich und seelisch wohler. Das Gehen versorgt sie aber auch mit frischer Energie, wenn sie erschöpft und müde ist. »Ich halte mich gerne im Freien auf«, fügt sie dann noch hinzu. »Und ich tue gerne etwas für meinen Körper, ohne mich dabei zu quälen.«

Eine Studie der Universität Richmond hat ergeben, dass körperliche Aktivitäten wie Gehen, Joggen oder Sit-ups für die Gesundheit genauso nützlich sind wie gerätegestützte Fitnessprogramme.

16.
Kälte verursacht keine Erkältung

»Zieh dich warm an, sonst erkältest du dich.« Ein uralter Ratschlag, den wir alle schon von unseren Eltern oder Großeltern gehört haben. Tatsache ist allerdings, dass eine Erkältung nicht durch niedrige Temperaturen, sondern durch ein ansteckendes Virus verursacht und von einem Menschen zum anderen übertragen wird. Einer Erkältung können Sie am besten vorbeugen, indem sie sich regelmäßig die Hände waschen und sich so vor einer Ansteckung schützen.

Die Erkrankung, die wir als Erkältung bezeichnen, wird auch in den meisten anderen Sprachen der Welt so genannt. Die Vorstellung, dass eine Erkältung durch Kälte verursacht wird, ist seit Jahrhunderten weit verbreitet, konnte jedoch bis heute wissenschaftlich nicht belegt werden.

Bereits vor über einem halben Jahrhundert haben sich Forscher des Themas erstmals in Versuchsreihen angenommen. Dazu teilten sie ihre

Probanden in zwei Gruppen auf, von denen sie die eine warmen und die andere kalten Temperaturen aussetzten. So konnten sie zeigen, dass die Wahrscheinlichkeit einer Erkältung in keinem Zusammenhang mit der am jeweiligen Ort gerade herrschenden Temperatur steht. Ja, wir wissen heute sogar, dass Erkältungskrankheiten in allen Breiten- und Längengraden der Welt, ob in Wüstenregionen oder in der Arktis, verbreitet sind.

Einige der interessantesten Forschungsergebnisse, die wir zu dem Thema besitzen, verdanken wir kleinen, isoliert – etwa in Inseldörfern – lebenden Populationen. So haben Wissenschaftler das Erkältungsphänomen zum Beispiel 1931 in Longyear City, einer arktischen Bergbaustadt auf der Insel Spitzbergen – etwa auf halber Strecke zwischen dem norwegischen Festland und dem Nordpol – akribisch studiert. Die 500 Bewohner der Stadt waren sieben Monate im Jahr durch Packeis von der Außenwelt abgeschlossen; während dieser Zeit kamen Erkältungskrankheiten so gut wie nie vor. Mit der Ankunft des ersten Schiffes im Sommer ging jedoch alljährlich der Ausbruch einer regelrechten Erkältungsepidemie einher – was die Forscher zu der Schlussfolgerung führte, dass Kälte für sich genommen nicht für das Auftreten von Erkältungskrankheiten verantwortlich ist.

Nach Auskunft eines Forscherteams der Universität Texas waren mehr als die Hälfte der von den Wissenschaftlern Befragten der Meinung, dass man sich eine Erkältung zuzieht, wenn man im Winter ohne Mantel oder mit nassem Haar auf die Straße geht. Fast 60 Prozent glaubten, dass kühles Wetter eine Erkältung verursachen kann. Weniger als 10 Prozent gaben auf Nachfrage die korrekte Antwort, dass Erkältungskrankheiten sich durch ein Virus von Person zu Person ausbreiten.

17.

Gesund leben – eine Frage der richtigen Einstellung

Was ist der Unterschied zwischen einem Menschen, der gesundheitsbewusst lebt, und jemandem, der dies nicht tut? Eine bestimmte Fähigkeit jedenfalls nicht. Jeder kann sich dafür entscheiden, gesündere Lebensmittel zu konsumieren und ungesunde Gewohnheiten abzulegen. Der Unterschied liegt aber auch nicht in einer bestimmten Vorliebe begründet. Schließlich ist jeder Mensch lieber gesund als krank. Nein, die Ursache ist die persönliche Einstellung. Eine optimistische Einschätzung der eigenen Fähigkeit, schädliche Angewohnheiten zu unterlassen und sich für eine gesündere Lebensweise zu entscheiden, ist die wichtigste Voraussetzung dafür, dass wir die Verantwortung für unsere Gesundheit auch wirklich in die Hand nehmen.

Im Frühjahr 2001 schaffte Sue es endlich, die Schallmauer zu durchbrechen. Die damals 40-Jährige hatte drei Kinder und war diäterprobt. Dass ihre Reißverschlüsse sich nicht schließen und ihre Knöpfe sich nicht zuknöpfen ließen, war für sie eigentlich nichts Besonderes. Und was brachte das Fass nun endgültig zum Überlaufen? Die Erfahrung, dass sie in dem Einkaufszentrum, in dem sie normalerweise ihre Anziehsachen erstand, kein passendes Kleidungsstück mehr finden konnte.

»Es gab dort in keinem einzigen Laden mehr irgendein Teil, das mir passte«, sagt Sue. Deshalb beschloss sie an jenem Tag, endlich abzunehmen.

»Doch das Abnehmen ist erst der Anfang. Das Gewicht später wirklich zu halten ist noch viel schwieriger. Dazu muss man die ganze Lebensweise umstellen. Man muss ständig darauf achten, dass man nicht zu viel und nichts Falsches isst, und außerdem irgendeine Art von Sport treiben. Irgendwann stellt man fest, dass man sich unter diesen Bedingungen viel wohler fühlt. Und dann gibt es kein Zurück mehr in die alten Gewohnheiten.«

Dann fügt Sue noch hinzu: »Wichtig ist allerdings, dass man sich vernünftige Ziele setzt. Und genau das hab ich auch getan. Ich hab mir gesagt: ›Bis zum Sommer möchte ich soundso viel abnehmen. Bevor ich meine Eltern besuche, möchte ich so viel abnehmen, dass man den Unterschied schon sehen kann.‹ Irgendwann hab ich dann beschlossen: ›Bis Weihnachten möchte ich soundso viel abgenommen haben‹, und Weihnachten hatte ich es dann tatsächlich geschafft.«

Sue meint, dass die meisten Menschen schon eingeschüchtert sind, bevor sie überhaupt anfangen. »Sie fühlen sich überfordert und glauben, dass sie nicht stark genug sind, um ihre Gewohnheiten zu verändern. Aber nach meiner Erfahrung lässt sich das in kleinen Schritten durchaus erreichen – wie gesagt, kleinen Schritten, die allmählich zu einer ausgewogeneren Lebensweise führen.«

Und weiter: »Allerdings muss das jeder selbst für sich regeln. Das gilt vor allem für eine gesunde Lebensweise. Mit der richtigen Einstellung zum Familienleben, zur Arbeit und zu Gesundheitsfragen stellt man jedoch fest, dass alles im Leben irgendwie zusammenhängt. Und dann begreift man auch, dass man aus denselben Gründen, aus denen man in anderen Bereichen erfolgreich ist, auch die eigenen Lebensgewohnheiten positiv beeinflussen kann.«

Ärzte der Cornell University haben herausgefunden, dass die Essgewohnheiten und die körperliche Aktivität von Frauen kurz nach einer Entbindung nicht primär von ihrer körperlichen Verfassung und ihrem Gewicht abhingen, sondern von dem festen Glauben, die Dinge in ihrem Leben selbst in die Hand nehmen zu können.

18.

Übertriebene Reinlichkeit wirbelt unnötigen Staub auf

Ein Hausputz hat den Zweck, in den Räumen, in denen wir leben, einen Zustand der Reinlichkeit herzustellen. Doch in Wahrheit kann eine solche Aktion sogar schädlich sein. Reinigungsarbeiten wirbeln Staub, Haare, Fusseln und andere höchst wirksame Allergene auf. Wer das Großreinemachen auf das Frühjahr verlegt, setzt sich sogar einer zweifachen Gefahr aus, da er/sie die ohnehin bereits vorhandenen Allergene just zu dem Zeitpunkt aufstört, da auch außerhalb des Hauses immer mehr Allergene präsent sind. Rechnen Sie also in dieser Situation damit, dass Sie sich gesundheitlich angeschlagen fühlen, und verzichten Sie darauf, zu viele Reinigungsarbeiten auf einmal zu erledigen.

»Ich kenne niemanden, der gerne Staub saugt«, sagt Carla. »Erstens ist es langweilig, und zweitens wirbelt es so viele Partikel auf, dass ich ständig niesen muss.«

Carla hat für sich eine Lösung gefunden: einen Roboter.

»Heutzutage kann sich jeder einen Roboter anschaffen«, sagt Carla. »Die Geräte können Staub saugen, den Rasen mähen und weitere Aufgaben übernehmen, die die Nasenschleimhaut irritieren. Sie sind genau das Richtige für Leute, die keine Zeit haben, ältere oder faule Menschen, Behinderte und Allergiker.«

Der Roboter misst automatisch die Größe eines Raumes und saugt dann ohne menschliches Zutun die betreffende Fläche. »Vielleicht sehen die Maschinen etwas anders aus als im Kino oder Fernsehen«, sagt sie und weist auf ein Gerät, das an ein Radio auf Rädern erinnert, »aber das Ding ist echt, spart Zeit und Mühe und schont außerdem meine Nase.« Dann erzählt Carla noch fröhlich: »Der Roboter macht die Arbeit, und ich freue mich hinterher über den sauberen Boden.«

Viele Menschen haben erheblich unter Allergien zu leiden, zum Beispiel nachts, wenn sie eigentlich schlafen möchten (68 Prozent), oder bei Freizeitaktivitäten im Freien (53 Prozent); hinzu kommen Tätigkeiten, die Konzentration erfordern (50 Prozent), sowie eine Beeinträchtigung der Arbeitsleistung überhaupt (43 Prozent). Die American Academy of Allergy, Asthma and Immunology berichtet, dass die Allergien in den Vereinigten Staaten zu den sechs wichtigsten Ursachen chronischer Erkrankungen gehören. Vier von fünf Allergikern leiden vor allem bei häuslichen Reinigungsarbeiten unter verstärkten Symptomen.

19.
Vererbung ist nicht alles

Es ist nicht zu bestreiten, dass bestimmte Krankheitsrisiken größer sind, wenn die betreffenden Leiden bereits früher in der Familie aufgetreten sind. Das heißt jedoch nicht, dass Sie eine solche Krankheit unbedingt bekommen müssen oder dass Sie nichts dafür tun können, eine solche Erkrankung abzuwenden. Eines ist klar: Wenn Sie Ihre Familiengeschichte kennen, sind Sie besser über potenzielle Risiken informiert, doch das ist noch lange kein Grund zur Beunruhigung.

Für Kate fing alles an, als ihr Sohn in der Schule die Aufgabe erhielt, einen Familienstammbaum zu erstellen, in dem sämtliche in den vergangenen Generationen aufgetretenen Erkrankungen aufgeführt sein sollten. »Vier Generationen körperlicher und seelischer Gebrechen.«

Kate stellte bald fest, wie schwierig es ist, eine vollständige Liste solcher Erkrankungen zu erstellen. »Die meisten Informationen hatte ich natürlich über meine Eltern, meine Tante und meinen Onkel, doch bei meinen Großeltern ergaben sich schon Probleme, und meine Urgroßeltern hatte ich nie zu Gesicht bekommen. Mein Mann stammt aus einer großen Familie mit vielen Geschwistern in jeder einzelnen Generation, und seine Verwandten leben über das ganze Land verteilt.«

Nachdem die Schulaufgabe ihres Sohnes zunächst ihr Interesse geweckt hatte, fing Kate an, aus eigenem Antrieb weiterzuforschen. »Ich habe die Spuren diverser Familienmitglieder verfolgt und die Ermittlungsergebnisse dann wie in einem Krimi zu einem Gesamtbild zusammengefügt. Eine faszinierende Arbeit. Außerdem wurde ich immer neugieriger, was meine Ermittlungsergebnisse für meinen Mann, meinen Sohn und mich selbst zu bedeuten hatten.«

Natürlich gab es auch Hindernisse. Einige entfernte Verwandte wollten Kates Fragen nicht beantworten. Außerdem gab es Familienmitglieder, deren Schicksal sich nach so langer Zeit nicht mehr detailliert rekonstruieren ließ.

Doch einige Wochen später hatte ihr Sohn den Stammbaum fertig gestellt. Darin sind familientypische Veranlagungen ebenso vermerkt wie die Häufigkeit diverser Erkrankungen – sei es Bluthochdruck oder eine depressive Persönlichkeitsstruktur. Kate verwahrt dieses Dokument an einem sicheren Ort für die Kinder und Kindeskinder ihres Sohnes, damit auch künftige Generationen sich einen Eindruck von der Krankheitsgeschichte der Familie verschaffen können.

Kate ist sich der Chancen und der Grenzen eines solchen Dokuments deutlich bewusst. »Viele Leute kümmern sich erst dann um die Krankheitsgeschichte ihrer Familie, wenn die Katastrophe bereits eingetreten ist, sei es in Gestalt einer Krebserkrankung, eines Herzinfarktes, eines Falles von Alkoholismus oder eines anderen schweren Leidens. Allerdings möchte ich hier auf keinen Fall einem blindwütigen Alarmismus das Wort reden. Mir geht es ausschließlich um eine angemessene Vorsorge. Ich möchte lediglich, dass wir uns angstfrei mit unserem genetischen Erbe auseinander setzen und wissen, wo unsere besonderen Schwachpunkte liegen.«

In einem Bericht der Mayo-Klinik heißt es, dass nur fünf Prozent aller Krebsfälle erblich bedingt sind.

20.

Zögern Sie nicht, Hilfe anzufordern

Würden Sie in einem Notfall sofort Hilfe anfordern? Obwohl die Antwort auf diese Frage klar scheint, versäumen es die meisten Menschen, rasch zu handeln, und selbst wenn sie sich zum Handeln entschließen, rufen sie trotzdem nicht um Hilfe. Deshalb müssen wir in Notsituationen unsere übliche Vorsicht und Zurückhaltung über Bord werfen und augenblicklich professionelle Hilfe anfordern.

Im Bad war der Wasserhahn voll aufgedreht. Nachdem sie den bewusstlosen Mann aus der heißen, verqualmten Wohnung in Syracuse im Staat New York gezogen hatten, entdeckten die Feuerwehrleute neben dem Waschbecken einen Eimer Wasser.

Unten legten die Feuerwehrleute den Mann inmitten verstörter Nachbarn auf den Gehsteig, massierten ihm die Brust und pumpten ihm Sauerstoff in die Lungen. Doch sie konnten ihn nicht mehr retten.

Die behördlichen Ermittlungen ergaben, dass der Mann noch versucht hatte, die Flammen selbst zu ersticken, bevor er eine Rauchvergiftung bekam und das Bewusstsein verlor. Die Notrufnummer 112 hatte er leider nicht gewählt. »Die Leute glauben, dass sie mit dem Rauch schon klarkommen, weil sie Filme wie *Backdraft* gesehen haben, die völlig lächerlich sind«, sagt der Feuerwehrhauptmann Jeff Sargent aus Syracuse.

Das Feuer war so heiß, dass das Sofa bis auf die Sprungfedern verkohlt und der Fernseher bis auf die Bildröhre geschmolzen war.

»Das Einzige, was in so einem Fall hilft, ist: Nichts wie raus!«, rät John Cowin, der Chef der Syracuser Polizei. »Ein kleines Feuer verdoppelt jede Minute seine Intensität. Das ist eine sehr unglückliche Situation. Wann immer Sie es mit einem Brand, einem Verbrechen oder einem medizinischen Notfall zu tun haben, fordern Sie sofort Hilfe an! Geben Sie uns die Chance, unsere Arbeit zu tun.«

Ärzte der Universität Alabama in Birmingham haben festgestellt, dass fast die Hälfte der 800 000 Herzinfarktpatienten, die sie befragten, selbst zum Krankenhaus gefahren waren oder sich von einem Freund oder Familienangehörigen hatten hinbringen lassen, statt einen Rettungswagen zu rufen. Und das, obwohl die Besatzung eines Rettungswagens den Patienten sofort mit vielleicht lebensrettenden Medikamenten versorgen kann, und zwar doppelt so schnell, wie wenn der Betroffene sich privat zum Krankenhaus bringen lässt.

21.

Lassen Sie sich beim Essen von ruhiger Musik verwöhnen

Unsere Essgewohnheiten haben meist nur wenig mit der biologisch notwendigen Energiezufuhr zu tun. Wir eignen uns aus den verschiedensten Gründen, etwa aus Bequemlichkeit, bestimmte Essgewohnheiten an. Achten Sie deshalb darauf, maßvoll zu essen, d. h. nicht über den Sättigungspunkt hinaus, ohne deswegen auf die nötige Energiezufuhr zu verzichten. Eine äußerst wirksame Strategie: Wenn Sie beim Essen ruhige Musik hören, essen Sie langsamer und somit zugleich weniger.

Michael hat als Kind unter Gesundheits- und Gewichtsproblemen gelitten. Heute leitet er ein Fitnesscamp für Kinder in Neuengland.

Er weiß, dass die Kinder sich bei ihrer Ankunft fühlen, als würde man sie ins Gefängnis stecken. »Die meisten Kinder haben schreckliche Angst. Sie glauben, dass sie die nächste Zeit bei Brot und Wasser und hinter verschlossenen Türen verbringen müssen.«

Michael weist jedoch darauf hin, wie wichtig es ist, realistische Verhaltensänderungen anzuregen. Dazu gehört, dass die Kinder lernen, sich mit kleineren Portionen zu begnügen, sich besser zu ernähren und mehr zu bewegen. »Meine Schützlinge sind so eifrig damit beschäftigt, zu skaten, herumzuklettern und auf dem See zu paddeln, dass sie untertags kaum noch ans Essen denken. Sie haben hier jede Menge Spaß und fühlen sich absolut sicher, da sie wissen, dass niemand sich über sie lustig macht.«

Um den Kindern das richtige Tempo beim Essen beizubringen, setzt Michael auch Musik ein. »Musik gibt uns bei unseren Aktivitäten ein bestimmtes Tempo vor. In den aktiven Stunden spielen wir die schnell getaktete Musik, die die Kinder gerne hören. Beim Abendessen lasse ich dann im Hintergrund langsamere Musik laufen, wie ich selbst sie gerne höre. Wir neigen dazu, uns dem Rhythmus der Musik anzupassen, die wir gerade hören, das heißt, dass schnelle Musik aktivitätsfördernd wirkt und langsame Musik beim Abendbrot das Esstempo vermindert.« Bei jedem Menschen setzt nach einem Zeitraum von 10–15 Minuten der Nahrungsaufnahme der Punkt der Sättigung ein. Je langsamer Sie also essen, desto weniger nehmen Sie auch zu sich. Zudem unterstützen Sie durch langsameres Essen und ausdauernderes Kauen Ihre Verdauungsorgane, da die Nahrung schon besser vorverdaut ist, bevor sie in den Magen gelangt.

Forscher von der Johns-Hopkins-Universität haben herausgefunden, dass Musik unser Esstempo zu beeinflussen vermag: Der Durchschnittsesser schiebt sich pro Minute fünf Portionen in den Mund, wenn gleichzeitig schnelle Musik läuft, vier Portionen, wenn keine Musik zu hören ist, und drei Portionen, wenn er/sie mit langsamer Musik berieselt wird.

22.

Verzichten Sie auf künstliche Sonnenbräune

Zu viel Sonnenbräune ist gefährlich und eine der Hauptursachen für Hautkrebserkrankungen. Allerdings sind natürliche Sonnenstrahlen deutlich weniger gefährlich als die künstliche Strahlung auf der Sonnenbank.

Gayle war nach eigenem Bekunden zeitlebens eine große Sonnenanbeterin. Im Sommer lag sie am Strand, und in der dunklen Jahreszeit besuchte sie bis zu fünfmal wöchentlich ein Sonnenstudio.

»Ich war immer tiefbraun«, sagt Gayle. »Wenn ich heute daran zurückdenke, kann ich nur sagen: ›Wie eitel.‹« Gayle hat ihre Gewohnheiten radikal geändert, als sie nach einer ärztlichen Untersuchung mit einer unangenehmen Nachricht konfrontiert wurde.

Als sie ausgezogen auf dem Untersuchungstisch saß und auf den Doktor wartete, zeigte Gayle der Sprechstundenhilfe beiläufig ein Muttermal an ihrem rechten Oberschenkel. Die Assistentin empfahl ihr dringend, das Mal dem Arzt zu zeigen, der Gayle sofort zu einem Dermatologen überwies.

Drei Tage später erhielt Gayle die Ergebnisse der entnommenen analysierten Gewebeprobe. »Der Arzt erklärte mir am Telefon, dass es sich um eine bösartige Veränderung der Haut handelte und wie weit die Krankheit bereits fortgeschritten war«, erzählt sie. »Ich dachte, ich könnte mit dieser Nachricht gut umgehen, doch das erwies sich leider als totaler Irrtum.«

Gayle litt unter einem Stadium-III-Melanom, also einer relativ ausgedehnten bösartigen Veränderung des Hautgewebes. Auch die Lymphknoten waren bereits befallen. Deshalb musste sich Gayle mehreren Operationen unterziehen und sich 15 Lymphknoten aus der rechten Körperseite entfernen lassen. Danach folgte eine qualvolle Zeit des Wartens – eine Phase, in der sie nicht wusste, ob sie überleben würde.

Auf das Schlimmste gefasst musste Gayle sich plötzlich mit einer für sie ganz neuen Situation auseinander setzen. »Ich habe viel geweint«, erzählt sie. »Ich konnte einfach nicht fassen, dass mir so etwas passieren kann. Ich hatte nämlich immer geglaubt, dass ich völlig gesund bin. Außerdem sah ich gesund aus. Es wollte mir einfach nicht in den Kopf, dass man sich gleichzeitig so gut fühlen und trotzdem so krank sein kann.«

Glücklicherweise konnte ihre Krankheit geheilt werden, und inzwischen bescheinigen ihr die Ärzte, dass sie wieder völlig gesund ist. »Mein Gott, war ich blöde«, sagt Gayle über die Tage, die sie auf der Sonnenbank verbracht hat. »Immerhin habe ich durch den Krebs gelernt, dass ich in meinem ganzen Leben so einen Unsinn nie wieder anstellen werde.«

Ärzte der Mount Sinai School of Medicine in New York City haben festgestellt, dass unser Körper auf der Sonnenbank einer 10- bis 15-mal höheren – gefährlichen – UV-Strahlung ausgesetzt ist als in natürlichem Sonnenlicht.

23.

Eine Tomate pro Tag, und der Arzt kann bleiben, wo er mag

Während die meisten Früchte und Gemüse im Rohzustand wesentlich nährstoffhaltiger sind, verlieren gekochte Tomaten nichts von ihrem Nährwert. Wer mindestens fünfmal die Woche Tomaten oder Tomatensaft zu sich nimmt, kann seine Anfälligkeit für bestimmte schwere Erkrankungen deutlich senken.

»An apple a day keeps the doctor away« (dt.: »Ein Apfel am Tag, und der Arzt kann bleiben, wo er mag«), lautet eine alte angelsächsische Spruchweisheit. »Doch eine Tomate am Tag ist womöglich sogar noch besser«, sagt Dr. Roger Mason. »Neuere Forschungsergebnisse bestätigen immer wieder die positiven Auswirkungen des Tomatenkonsums auf die Gesundheit.«

Dr. Mason weiß, dass das Lykopen, ein organischer Wirkstoff, der die Tomate rot verfärbt, das Auftreten bestimmter Krebs- und Herzerkrankungen deutlich zu reduzieren vermag. »Lykopen ist ein Antioxidanz, das heißt eine Substanz, die den Körper vor Zell- und Gewebeschäden schützt.«

Dann fährt Dr. Mason fort: »Und was noch besser ist: Nicht nur rohe Tomaten haben diese Wirkung. Vorbehandelte Tomatensaucen, wie wir sie für Pizza und Spaghetti verwenden, sind vielleicht sogar eine noch wirksamere Krankheitsprophylaxe als die Tomatenstücke in Ihrem Salat. Das heißt, dass die Tomate genau in der Form, in der wir sie ohnehin am liebsten essen, unserer Gesundheit am meisten zuträglich ist.«

Tatsächlich enthalten gekochte Tomaten 2,5-mal mehr Lykopen als rohe. »Jeder glaubt, dass Lebensmittel beim Kochen an Nährwert verlieren. Für Tomaten gilt das auf keinen Fall«, sagt Dr. Mason.

Fünf Mahlzeiten pro Woche, bei denen Sie Tomaten – ob roh, gekocht, als Suppe, Sauce, Ketchup oder Saft – zu sich nehmen, enthalten so viel Lykopen, dass das Risiko einer Krebs- oder Herzerkrankung halbiert wird. Zudem kommt der Verzehr von Tomaten der Lunge, den Augen und der Haut zugute, berichten Forscher der Universität Ohio.

24.

Es ist leichter, gemeinsam mit anderen gesund zu leben

Obwohl wir grundsätzlich durchaus imstande sind, selbstständig Entscheidungen zu treffen, lassen wir uns dennoch häufig von den Menschen in unserer Umgebung beeinflussen. Wenn wir sehen, dass andere in unserer Familie, im Freundeskreis oder in der Nachbarschaft lange Spaziergänge machen oder joggen, steigt die Wahrscheinlichkeit, dass wir uns ebenso verhalten. Leben die Menschen in unserer Umgebung hingegen eher ungesund, neigen wir auch selbst leichter dazu, unsere Gesundheit zu vernachlässigen. Nehmen Sie sich deshalb vor allem solche Menschen in Ihrer Umgebung zum Vorbild, die gesundheitsbewusst leben. Falls es solche Vorbilder nicht gibt, müssen Sie eben selbst mit gutem Beispiel vorangehen.

Früher hing die ganze Familie meist untätig zu Hause herum, heute ist die gesamte Sippe sportlich aktiv. Chris und Theresa – beide etwas über vierzig – sind die Eltern des zehnjährigen Danny. Eines Tages beschlossen sie, etwas gegen ihren Bewegungsmangel zu tun. Jeder der drei hatte dafür seine eigenen Motive: Chris machte sich Sorgen um seine körperliche Kondition, Theresa wollte etwas gegen ihre chronischen Rückenprobleme unternehmen und Danny fühlte sich durch die langen Schultage ohne sportliche Aktivitäten in seinem Bewegungsdrang eingeschränkt. Im Übrigen waren die drei davon überzeugt, dass jeder von ihnen mehr zustande bringen würde, wenn sie alle gemeinsam Sport trieben.

Heute gehen sie wenigstens einmal die Woche gemeinsam zum Fitnesstraining. Chris bevorzugt den Elliptischen Trainer, Theresa arbeitet vor allem an den Kraftmaschinen und Danny macht von allem ein bisschen.

»Wir trainieren immer zusammen«, sagt Theresa. »Allein könnte ich mich einfach nicht motivieren. Wenn man nur auf sich gestellt ist, passiert es leicht, dass man sich vor der Quälerei drückt. Doch jetzt ist das Training ein Familien-, ein Gruppenerlebnis, deshalb sind wir echt motiviert.«

Nach Auskunft einer Studie der Universität Minnesota steigt die Wahrscheinlichkeit, dass jemand sich gesund ernährt und ausreichend Sport treibt, um 19 Prozent, wenn im Freundeskreis und in der Nachbarschaft die gleichen Prioritäten gelten.

25.

Körperliche und seelische Gesundheit bilden eine Einheit

Am besten fühlen wir uns, wenn wir unseren Körper und unsere Seele pfleglich behandeln. Denn die Belastungen, denen wir ausgesetzt sind, betreffen unseren gesamten Organismus und nicht nur bestimmte Bereiche. Das Wort »Gesundheit« bezeichnet deshalb einen ausgewogenen Gesamtzustand unserer körperlichen und seelischen Funktionen.

Unter Golfspielern ist das Phänomen als »Yips-Syndrom« bekannt. Dabei zieht sich die Hand- und Unterarmmuskulatur unwillkürlich zusammen, sodass der Golfer nicht richtig putten kann. Ein im Grunde leichter Schlag misslingt völlig, und der Ball landet nicht etwa in dem angepeilten, einen Meter entfernten Loch, sondern fünf Meter daneben, weil der Spieler nicht kontrolliert schlagen kann. Der berühmte Golfer Ben Hogan musste sich mit diesem Leiden herumquälen und deswegen sogar seine Profikarriere beenden. Fachleute vertreten die Auffassung, dass so genannte Yipper für einen 18-Loch-Golfkurs durchschnittlich fünf Schläge mehr brauchen als Spieler, die von diesem Leiden nicht betroffen sind.

»Man hat lange geglaubt, dass es sich bei diesem Leiden um ein psychisches Problem handelt, das lediglich im Kopf des Yippers existiert«, sagt Dr. Aynsley Smith vom Sportmedizinischen Zentrum der Mayo-Klinik. »Dann haben wir jedoch herausgefunden, dass Yipper meist nicht nur unter einer mentalen, sondern auch unter einer körperlichen Symptomatik leiden.«

Dr. Smith weiter: »Wir haben hoch begabte Profigolfer beobachtet, die nach einer langen erfolgreichen Karriere plötzlich unter diesem Problem zu leiden hatten. Durchaus vergleichbare feinmotorische Störungen findet man aber auch in anderen Berufssparten, etwa bei Musikern, die über einen längeren Zeitraum eine unnatürliche Körperhaltung einnehmen müssen. Allerdings gibt es auch Fälle, in denen Angst der eigentliche Auslöser zu sein scheint«, sagt Dr. Smith.

Die Ärzte der Mayo-Klinik veranstalten mit ihren Yipper-Patienten sogar ein eigenes Golfturnier. Dabei zeigt sich immer wieder, dass das Leiden bei einigen der Patienten vorwiegend auf körperliche Ursachen zurückzuführen ist, während es bei anderen anscheinend vor allem mental bedingt ist. Die Wissenschaftler bemühen sich, das Problem immer besser zu verstehen, und suchen nach Wegen, wie sich die physischen und psychischen Symptome gezielter therapieren lassen. Deshalb analysieren sie Faktoren wie Selbstvertrauen, Herzfrequenz, Griffstärke und Stresshormonausschüttung. Außerdem werten sie Videoaufnahmen aus, auf denen jeder einzelne Putt dokumentiert ist.

Ärzte der Duke-Universität haben festgestellt, dass die langfristigen Heilungschancen von Patienten mit körperlichen Symptomen, die nicht nur körperlich, sondern auch psychotherapeutisch betreut wurden, 2,5-mal höher lagen als bei Kranken, bei denen lediglich die körperlichen Symptome therapiert wurden.

26.

Richtig Atmen

Richtiges Atmen ist wahrscheinlich die einfachste und mit Abstand wirksamste Methode der Krankheitsvorbeugung. Es regt die Verdauung und den Kreislauf an, sorgt für einen erholsamen Schlaf, kann dabei helfen, Angstzustände abzubauen und stabilisiert die Herzfrequenz.

Da sie auf dem Weg zur Arbeit täglich irgendwo im Stau stecken blieb, fing Julia aus Atlanta irgendwann an, ein Buch über richtiges Atmen zu lesen. Sie war überrascht, dass bereits ein wenig Aufmerksamkeit und Mühe ausreichen, um unsere – meist unbewusste – Atemfunktion deutlich zu verbessern. Inzwischen hat sie gelernt, wie sie sich durch richtiges Atmen von dem Stress befreien kann, dem sie im Straßenverkehr ständig ausgesetzt ist.

»Wir alle leiden unter chronischer Anspannung«, sagt Julia. »Auch wenn wir das meist gar nicht mehr spüren. Ein Verkehrsstau kann diese Anspannung so verstärken, dass normalerweise umgängliche Leute plötzlich Amok laufen«, fährt sie fort.

»Ich weiß, dass diese Stressreaktion bei mir automatisch einsetzt, sobald ich in einen Verkehrsstau gerate«, erklärt sie. »Mein Herz fängt an zu rasen, und die Hals- und Armmuskulatur krampft sich zusammen. Jeder Muskel macht sich für eine Abwehr- oder Fluchtreaktion bereit. Doch das Problem ist, dass man sich gegen eine solche Situation weder wehren noch davor fliehen kann. Man steckt im Verkehr fest, und die Stressreaktion wirkt stunden- oder gar tagelang im Körper nach, wenn man nicht sofort etwas dagegen unternimmt.

Um mit dieser Belastung fertig zu werden, hat Julia sich eine auch von Experten bevorzugte Methode angeeignet. »Ich atme mehrmals tief in den Bauch hinunter, sodass sich die Lunge wie ein Ballon ausdehnen kann. Beim Ausatmen lasse ich dann die Bauchdecke wieder sanft in ihre Ausgangsposition zurücksinken.«

Forscher der Harvard-Universität haben herausgefunden, dass die Durchblutung des Gehirns erheblich verstärkt wird und die Stressbelastung um bis zu 65 Prozent abnimmt, wenn wir langsam tief in den Bauch hinunter atmen.

27.

Hüten Sie sich vor unseriösen Internetangeboten

Wenn wir ein gebrauchtes Auto kaufen, gehen wir mit größter Vorsicht zu Werke. Wir wissen, worauf wir zu achten haben, und werden misstrauisch, wenn der Verkäufer uns erzählt, wie toll ein bestimmter Wagen ist und dass der überaus liebenswürdige Vorbesitzer das Auto fast nie benutzt hat. Sobald wir aber im Internet surfen, fallen wir häufig auf die lächerlichsten Behauptungen herein. Doch eine gesunde Portion Skepsis sollten wir uns stets bewahren, vor allem wenn wir verzweifelt nach einer einfachen Lösung für ein gravierendes Gesundheitsproblem suchen.

»Patienten, die unter Krebs oder einer anderen lebensbedrohenden Krankheit leiden, suchen häufig nach komplementären oder alternativen therapeutischen Möglichkeiten und beschaffen sich ihre Informationen dabei vielfach aus dem Internet«, sagt Dr. Scott Matthews von der Universität Kalifornien in San Diego. Zugleich verweist er auf die

»beängstigende Vielzahl falscher Informationen«, auf die man im Internet stößt.

Matthews und seine Kollegen haben 194 Webseiten überprüft, die Informationen über alternative medizinische Therapien anbieten. Dabei richteten sie ihr Augenmerk vor allem darauf, ob die Therapien im Netz gegen Bezahlung angeboten wurden, ob die Seiten »Selbstauskünfte von Patienten« enthielten, ob die angebotene Behandlung als »Krebstherapie« ausgegeben wurde und ob die Betreiber behaupteten, ihre Therapie sei »frei von Nebenwirkungen«.

Wann immer eine dieser Fragen mit Ja beantwortet werden musste, leuchtete bei den Forschern ein Alarmlämpchen auf und bestärkte sie in ihrem Verdacht, dass es mit der wissenschaftlichen Verlässlichkeit der entsprechenden Angebote nicht weit her sein konnte. Die Wissenschaftler fanden heraus, dass bis zu 90 Prozent der Seiten wenigstens in einem Punkt fragwürdige Angaben enthielten.

»Wenn ein Kranker im Internet nach Informationen zu einem Thema sucht, dass klinisch noch kaum gründlich erforscht ist, können die oben genannten Fragen ihm/ihr dabei helfen, unseriöse Angebote zu identifizieren«, stellt Dr. Matthews fest. »Internetseiten, deren Angebote ein oder mehrere Alarmlämpchen aufleuchten lassen, sind mit äußerster Vorsicht zu genießen. Aber selbst wenn bei Durchsicht einer Internetseite keine Warnlampe aufleuchtet, gewährleistet dies noch keine wissenschaftliche Akkuratesse.«

Etliche Patienten, die etwas über Dr. Matthews' Studie gelesen hatten, haben sich bei ihm ausdrücklich dafür bedankt, dass er es ihnen ermöglicht hat, »unseriöse Versprechungen im Bereich der Gesundheitsinformation leichter zu erkennen«.

Eine Studie der Tufts-Universität hat ergeben, dass mehr als 60 Prozent der Internetnutzer Webseiten mit Gesundheitstipps aufsuchen und dass mehr als 90 Prozent davon glauben, dort verlässliche Informationen zu finden.

28.

Schimmel ist überall – also keine Panik

Es gibt mehr als 100 000 verschiedene Schimmelarten. Viele davon sind auch bei Ihnen zu Hause vertreten. Die überwiegende Mehrzahl dieser Schimmelpilze ist jedoch harmlos. Ungeachtet der bisweilen gruseligen Schlagzeilen der Boulevardpresse bedeuten kleinere Schimmelvorkommen in Ihrem Heim aber keinesfalls, dass Sie mit einem erhöhten Krankheitsrisiko leben.

Steve verdient sogar seinen Lebensunterhalt mit Schimmelkulturen. Sein in Arkansas ansässiges Unternehmen hat sich darauf spezialisiert, Schimmel aus Heizungs- und Klimaanlagen zu entfernen. Das Geschäft boomt.

»Wann immer die Medien etwas über Schimmelkulturen in Privatwohnungen oder Eigenheimen melden, erhalten wir zehn Anrufe.«

Steve sagt, dass er in jedem Haus, das er betritt, irgendwo Schimmel entdeckt, aber: »Sind solche Schimmelkulturen wirklich gefährlich? Das kann ich eigentlich nicht bestätigen.«

Dann fügt er noch hinzu: »Solange es Feuchtigkeit und Nässe in der Welt gibt, werden sich an bestimmten Plätzen Schimmelkulturen bilden. Die Schimmelpilze werden wir nie los.«

Steve empfiehlt den Bewohnern deshalb, darauf zu achten, dass in ihrem Heim keine großflächigen Schimmelkulturen auftreten. Reparieren Sie also sofort jedes Leck, lüften Sie immer Ihr Bad und sorgen Sie mithilfe eines Ventilators, eines Luftentfeuchters oder einer Klimaanlage dafür, dass es in Ihrer Wohnung nicht zu feucht ist. Auch wenn dieses Eingeständnis für ihn nicht gerade geschäftsfördernd ist, gibt Steve zu: »Schimmel ist durchaus kein Grund zu Panik.«

Mediziner der Mayo-Klinik haben festgestellt, dass die meisten Menschen nicht mit körperlichen Symptomen auf Schimmelkulturen reagieren. Im Übrigen konnte die Forschung bislang Berichte nicht bestätigen, denen zufolge etliche chronische Erkrankungen durch Schimmelpilze verursacht werden.

29.

Schalten Sie den Fernseher ab

Das Fernsehen verlangt uns weder körperlich noch geistig irgendeine Aktivität ab. Im Gegensatz zu fast allen anderen Beschäftigungen wird unser Gehirn durch diese »Aktivität« genauso wenig in Anspruch genommen wie unser Körper, wenn wir es uns auf dem Sofa bequem gemacht haben. Schalten Sie deshalb das Gerät nur ein, wenn es dort eine Sendung gibt, die Sie wirklich sehen möchten, beschäftigen Sie sich ansonsten anderweitig. Ihre Gesundheit wird es Ihnen danken.

Frustriert, weil sich bei ihr beruflich kaum etwas tut, hängt Jody mindestens zehn Stunden am Tag vor dem Fernseher herum. Die Sendungen sind zum Verwechseln ähnlich: bis zum Mittag Talkshows, dann die Nachrichten und danach so viele Serienwiederholungen, wie sie nur will. An den meisten Wochenenden beschränken sich Jodys körperliche und geistige Aktivitäten darauf, zwischen den verschiedenen Kanälen hin und her zu zappen.

Jody weiß, dass ihre Fernsehsucht durchaus nicht ohne Probleme ist. Sie weiß außerdem, dass der Fernseher nicht ihr einziges Fenster zur Außenwelt sein sollte. Zum Zeitpunkt ihres Todes, schätzt Jody, wird sie wenigstens ein Viertel ihres Lebens vor der Glotze verbracht haben.

Ihre Situation erscheint ihr zusehends unerträglicher. »Ich kann anderen nur raten: Hängt bloß nicht pausenlos auf dem Sofa herum. Und bildet euch nicht ein, dass sich eines Tages alles von alleine regelt. Genau so habe ich einen Großteil meines bisherigen Lebens auch vertan. Heute tut es mir Leid.«

Jody sieht ein paar alte Fotos von sich durch und denkt an die zahllosen Stunden, die sie in ihrem Schlafzimmer sinnlos vor dem Fernseher verbracht hat. »Diese Zeit ist ein für alle Mal verloren«, sagt sie. »Was hätte ich stattdessen nicht alles unternehmen können? Ich hätte wirklich gerne mehr vom Leben gehabt.«

Mediziner der Case Western Reserve University haben festgestellt, dass ein exzessiver Fernsehkonsum in mittleren Jahren das Risiko, in späteren Jahren an Hirndegenerationen wie Alzheimer zu erkranken, um das Dreifache erhöht.

30.

Setzen Sie sich nur hinter das Lenkrad, wenn es sicher ist

Beim Autofahren hängt Ihre Sicherheit nicht nur von Ihnen selbst, sondern auch von den anderen Verkehrsteilnehmern ab. An den allermeisten der jährlich über 46 000 Verkehrsunfälle mit tödlichem Ausgang in den Vereinigten Staaten sind mehrere Fahrzeuge beteiligt. Hüten Sie sich deshalb vor dem Irrglauben, dass Sie jederzeit nach Lust und Laune mit dem Auto in der Gegend herumfahren können. Es gibt nämlich bestimmte Tage und Tageszeiten, an denen besonders viele rücksichtslose Fahrer auf den Straßen unterwegs sind.

Rob leitet in der Nähe von Pittsburgh Kurse für defensives Fahrverhalten im Verkehr. Er betont, dass es nicht allein mit der Beherrschung des Fahrzeugs getan ist, sondern dass jeder – potenzielle – Verkehrsteilnehmer immer wieder eine Reihe von Entscheidungen zu fällen hat.

Eine dieser Entscheidungen betrifft die Geschwindigkeit. Natürlich spielt das Tempo, das Sie fahren, eine Rolle, doch ausschlaggebend ist die

Geschwindigkeit, mit der Sie im Verhältnis zu den anderen Autos unterwegs sind. »Wenn die Geschwindigkeit, mit der Sie fahren, von dem vorherrschenden Tempo des übrigen Verkehrs zu stark – nach oben oder nach unten – abweicht, ist eine Katastrophe schon fast vorprogrammiert. Auf den großen Überlandstraßen verursacht die Differenz zwischen den verschiedenen Geschwindigkeiten die meisten Probleme. Die berüchtigten Langsamfahrer, die den Verkehr hinter sich zu verzweifelten Bremsmanövern zwingen, sind genauso gefährlich wie die Raser, die sich 20 oder 30 km/h schneller durch den Verkehr schlängeln als die übrigen Fahrer. Passen Sie sich dem allgemeinen Verkehrsfluss an oder umgehen Sie von vornherein die großen Schnellstraßen.«

Eine weitere Entscheidung betrifft die Strecke, die Sie fahren. »Achten Sie ganz bewusst auf gefährliche Kreuzungen und auf Kurven, in denen viele Leute zu schnell fahren. Wichtig ist auch die Straßenbeleuchtung. Meiden Sie deshalb riskante Streckenabschnitte.«

Die dritte Entscheidung ist die Wahl des richtigen Zeitpunktes. »Fahren Sie nicht einfach darauf los, wenn Sie gerade Lust dazu haben. Es ist ja bekannt, dass am Wochenende spätabends besonders viele Betrunkene auf den Straßen sind. Vergessen Sie nie, dass Ihre eigene Sicherheit im Straßenverkehr in hohem Maße auch von der Fahrtüchtigkeit der anderen Verkehrsteilnehmer abhängt, die gerade unterwegs sind.«

Am Abend des Super Bowl ist in den Vereinigten Staaten eine Zunahme der tödlichen Unfälle um 41 Prozent zu verzeichnen. Zu einem derart sprunghaften Anstieg kommt es an keinem anderen Tag des Jahres, nicht einmal am Silvesterabend. Das berichten Forscher der Universität Toronto.

31.

Essen Sie weniger, aber dafür häufiger

Wenn Sie versuchen, weniger zu essen, liegt es nahe, einfach seltener am Tag etwas zu sich nehmen. Auf den ersten Blick erscheint es nur plausibel, dass sich unsere Kalorienzufuhr am leichtesten reduzieren lässt, wenn wir weniger Essen zu uns nehmen. Diese Strategie ist jedoch zum Scheitern verurteilt. Ganz abgesehen von dem unangenehmen Hungergefühl, das Sie womöglich ständig begleitet, wenn Sie ganze Mahlzeiten auslassen, führen weniger Mahlzeiten pro Tag auch dazu, dass Ihr Körper die Nahrungsmittel, die Sie essen, nicht mehr so effizient wie vorher verbrennen kann. Mit anderen Worten: Wer Mahlzeiten überspringt, maximiert die kalorische Wirkung der Lebensmittel, die er/sie tatsächlich isst.

Michelle hat den Kampf mit den Pfunden in den vergangenen zehn Jahren mindestens viermal gewonnen und wieder verloren. Dabei hat sie jedes Mal 25 Kilo abgespeckt und einen Großteil dieses Gewichts wieder zugelegt, sobald sie ihr Ziel erreicht und plötzlich keine richtige Motivation mehr hatte, der so genannte »Jojo-Effekt«.

Sie hat es in der Vergangenheit schon mehrfach mit komplizierten Diätplänen versucht und sich regelmäßig ernährungswissenschaftlich beraten lassen. Vergeblich! Doch dann fasste sie wieder einmal den Entschluss, etwas gegen ihr Übergewicht zu tun, und hielt im Internet nach Hilfe Ausschau. Sie war bereits Mitglied in einem Online-Buchclub, deshalb erschien ihr die Idee, am Computer nach Informationen, Zuspruch und Anregungen zu suchen, auch das Naheliegendste.

»Anfangs habe ich überlegt, ob ich nicht persönlich an Gruppenveranstaltungen teilnehmen soll, aber dazu reicht meine Zeit meist nicht aus«, sagt Michelle. Also schloss sie sich lieber einer kostenlosen Onlinegruppe an.

»Es gibt im Netz eine Unmenge von Gruppen und Webseiten«, erzählt Michelle. »Egal, was man sucht, man findet dort mit Sicherheit eine entsprechende Gruppe.«

Heute geht sie zweimal am Tag ins Netz und liest ein paar Dutzend Nachrichten, die sie erhalten hat. Außerdem teilt sie der Gruppe einmal pro Woche ihr aktuelles Gewicht mit. So hat sie innerhalb von zehn Wochen gut drei Kilo verloren – ein Ergebnis, über das sie sich freut.

»Ich habe gerne mit anderen Leuten zu tun, die sich mit ähnlichen Problemen herumschlagen müssen wie ich. Man bekommt nämlich in einer solchen Gruppe immer wieder wichtige Anregungen«, erzählt Michelle.

Sie hat mit den anderen Mitgliedern ihrer Gruppe aber auch die Frage diskutiert, ob es sich lohnt, Mahlzeiten auszulassen. »Das funktioniert nicht wirklich. Wenn Sie seltener zur Tankstelle fahren, verbraucht Ihr Wagen auch nicht weniger Benzin. Es kann Ihnen nur passieren, dass Sie plötzlich ohne Sprit dastehen und gar nichts mehr vorwärtsgeht. Wenn Sie seltener essen, verbraucht Ihr Körper deshalb nicht weniger, Sie haben nur umso mehr Hunger, wenn Sie schließlich doch etwas essen. Das heißt, Sie schaufeln bei den einzelnen Mahlzeiten große Mengen in sich hinein, mit denen der Körper kaum fertig wird.«

Eine Studie der Universität Oxford hat ergeben, dass Menschen, die fünf- oder sechsmal am Tag aßen, um fünf Prozent niedrigere Cholesterinwerte aufwiesen als Vergleichspersonen. Außerdem stieg bei diesen Probanden im Vergleich zu anderen Teilnehmern der Studie, die nur ein- oder zweimal am Tag aßen, die Wahrscheinlichkeit um 45 Prozent, dass sie ihr Wunschgewicht halten konnten.

32.

Betrachten Sie die Dinge von der positiven Seite

Fast alles, was uns widerfährt, hat zwei Seiten: eine positive und eine negative. Selbst schreckliche Rückschläge bieten meist noch Anlass zur Hoffnung, wenn wir bereit sind, uns auf diesen positiven Aspekt zu konzentrieren. Umgekehrt kann man bei einem schönen Erlebnis natürlich ständig daran denken, dass die Situation sich schon sehr bald wieder ändern könnte. Alles eine Frage des Blickwinkels. Machen Sie sich daher eine positive Sicht der Dinge zu Eigen. Achten Sie vor allem auf die Chancen, die sich Ihnen auch in schwierigen Phasen bieten, und genießen Sie die positiven und beglückenden Erfahrungen, die das Leben für Sie bereithält. So macht das Leben nicht nur mehr Freude, sondern ist auch von längerer Dauer.

Sie ist 82 Jahre alt. Sie hat zwei Ehemänner überlebt. Doch Annie genießt jeden einzelnen Tag.

»Ich kann heute jeden Tag tun, was ich will«, erklärt Annie fröhlich, und diese Lebenslust strahlt sie auch aus.

»Natürlich kann man sich auch abkapseln und sich selbst bedauern. Aber was ist das für ein Leben? Man muss rausgehen und die Schönheit in den Dingen entdecken. Nicht zufällig haben unsere Mütter uns früher, als wir Kinder waren, immer nach draußen zum Spielen geschickt. Denn wer aus sich rausgeht und aktiv ist, blüht automatisch auf.«

Annie erzählt, dass sie es sich angewöhnt hat, sich jeden Tag auf das Schöne in ihrem Leben zu konzentrieren. »Ich stehe morgens auf, stelle mich vor den Spiegel und sage: ›Du bist einfach großartig.‹«

Annie glaubt schon lange daran, dass eine positive Lebenseinstellung auch der Gesundheit zugute kommt. »Man muss die Dinge nur richtig sehen. Wer ständig trübsinnig herumhängt und auf ein Wunder wartet, stellt natürlich fest, dass nicht alles so rosig ist, wie es vielleicht sein sollte. Aber das hilft doch nichts: Dabei reibt man sich ja innerlich nur total auf.«

Optimistische Menschen, die sich selbst loben, wenn die Dinge funktionieren, und daran glauben, dass schlechte Zeiten wieder vorbeigehen, leben länger als pessimistische Menschen. Nach Auskunft einer Langzeitstudie der Mayo-Klinik, die über 30 Jahre lief, haben Pessimisten eine um 19 Prozent geringere Aussicht auf eine normale Lebenserwartung als der Durchschnittsbürger.

33·
Trinken Sie Traubensaft

Man könnte das im Traubensaft enthaltene Bioflavonoid vielleicht am ehesten mit der Teflonschicht vergleichen, die ein Anhaften des Bratguts am Pfannenboden verhindert. Jedenfalls sorgt die Substanz dafür, dass sich an den Wänden unserer Arterien kein Cholesterin festsetzen kann. Regelmäßiger Traubensaftkonsum reduziert deshalb die Wahrscheinlichkeit verstopfter Arterien und mindert unter anderem das Herzinfarkt- und das Schlaganfallrisiko.

»Bioflavonoide oder andere Antioxidanzien bekämpfen schädliche freie Radikale. Sie sind in diversen Lebensmitteln enthalten, etwa Obst und Gemüse, vor allem Äpfeln und Zwiebeln, Tee, vor allem grünem Tee, Schokolade, Nüssen sowie Traubensaft und Rotwein«, sagte Michael Lefevre vom Pennington Biomedical Research Center.

»Die bisherigen Forschungsergebnisse deuten darauf hin, dass die Bioflavonoide die Gefäße vor dem schädlichen LDL-Cholesterin schützen, die Gefäßwandfunktion verbessern und damit eine Verengung der Blutgefäße verhindern«, sagt er.

Dr. Lefevre rät deshalb seinen Patienten, ihre Ernährung so einzurichten, dass sie genügend Bioflavonoide zu sich nehmen. »Lebensmittel sind nicht alle gleich. Selbst Lebensmittel, die als gesund gelten, haben nicht alle den gleichen Wert. Ich versuche, möglichst viele grüne Blattgemüse, Zwiebeln und Äpfel zu essen und beispielsweise Traubensaft zu trinken. Die meisten Kinder trinken gerne Traubensaft, im späteren Leben gerät dieses Getränk dann fast immer völlig in Vergessenheit. Es ist an der Zeit, diesen Saft wiederzuentdecken. Trinken Sie deshalb möglichst täglich ein Glas Traubensaft.«

Studien der Stanford-Universität haben gezeigt, dass sich bei Herzkranken, die regelmäßig Traubensaft trinken, bereits nach zwei Wochen die Arterien wieder erweitern, während die durch Cholesterin verursachte Korrosion der Gefäße um mehr als ein Drittel abnimmt.

34.
Wichtiger für die Gesundheit als die Arbeit: Ihr Privatleben

Wir wissen, dass das Arbeitsleben äußerst stressig sein kann. Ja, man kann sogar immer wieder hören, dass die Arbeit einer gesunden Lebensweise geradezu im Wege steht. In den meisten Fällen jedoch haben die häuslichen Umstände wesentlich mehr Auswirkungen auf die Gesundheit als das Berufsleben. Ein ausgeglichenes Privatleben kann die Belastungen eines stressigen Arbeitsalltags im Hinblick auf die Gesundheit sogar mehr als aufwiegen.

Brian und Clare kennen beides: die Mühen des häuslichen Lebens und den Stress des Berufsalltags. Nach Abschluss seines Jurastudiums gab es für Brian zehn Jahre lang nur eins: Arbeit, Arbeit, Arbeit. Er verbrachte sechs Tage die Woche in der Kanzlei und dachte nicht einmal daran, Urlaub zu nehmen. Dann lernte er Clare kennen, die in demselben Gebäude ein paar Büros weiter ebenfalls als Anwältin tätig war und ihren Beruf mit derselben Hingabe ausübte wie er selbst.

»Ich habe mir damals etwas Sorgen gemacht, ob ich es mir auf Dauer gesundheitlich würde leisten können, Jahr für Jahr 2500 Stunden fast ohne Pause zu arbeiten. Andererseits wusste ich, dass sich diese Situation irgendwann ändern würde.«

Fortan verbrachten Brian und Clare die wenigen freien Stunden, die ihnen in der Woche blieben, immer häufiger gemeinsam. Zwei Jahre später heirateten sie.

Dann wurde Clare schwanger, und Brian verfiel auf die Idee, sich nur noch um die Familie und den Haushalt zu kümmern. »Als wir darüber sprachen, stellte sich heraus, dass Clare ihren Beruf im Grunde genommen nicht aufgeben wollte. Weniger arbeiten – okay, aber keinesfalls ganz aufhören.«

Brian erzählt weiter: »Und plötzlich habe ich mehr Windeln gewechselt und mehr Schlaflieder gesungen, als ich mir das in meinen kühnsten Träumen je hätte vorstellen können.«

Obwohl die beiden tagsüber völlig unterschiedlichen Tätigkeiten nachgehen, verbringen sie die Abende und die Wochenenden in schönster Eintracht, und ihre ganze Liebe gilt natürlich ihrem gemeinsamen Kind. Und wie hat sich diese Arbeitsteilung nun auf die Gesundheit der beiden ausgewirkt? »Wir haben uns beide erst unlängst untersuchen lassen. Das Ergebnis war rundum erfreulich.«

Forscher der Universität Toronto haben in einer auf drei Jahre angelegten Studie untersucht, wie sich das Arbeits- beziehungsweise Eheleben auf die Gesundheit ihrer Probanden auswirkte. Dabei konnten sie während des gesamten Untersuchungszeitraums keine Korrelation zwischen der Höhe des Blutdrucks und etwaigem Berufsstress entdecken. Bei glücklich verheirateten Personen hingegen verbesserte sich der Blutdruck um 8 Prozent, während er sich bei Personen, die in schwierigen ehelichen Verhältnissen lebten, um 6 Prozent verschlechterte.

35.
Verwenden Sie nur Heilmittel, die zu Ihnen passen

Die Wirksamkeit eines Medikaments wird auf der Basis von Durchschnittswerten ermittelt. Als »gut« gelten deshalb Arzneien, die sich in der Vergangenheit im Durchschnitt bewährt haben. Ihre persönlichen Umstände weichen jedoch möglicherweise von den durchschnittlichen Verhältnissen ab. Bevor Sie sich in der Apotheke ein Medikament besorgen oder sich von Ihrem Arzt eines verschreiben lassen, sollten Sie sich deshalb stets genau erkundigen, ob das betreffende Mittel für Sie ganz persönlich überhaupt geeignet ist.

»Obwohl es immer mehr Belege dafür gibt, dass Männer und Frauen auf ein und dasselbe Heilmittel unterschiedlich reagieren, ist den meisten Ärzte und Patienten nicht bewusst, dass bei der Arzneimittelwahl geschlechtsspezifische Faktoren zu berücksichtigen sind. Trotz unserer Kenntnis von einer solchen Differenz verhalten sich im Gesundheitswesen noch immer viele so, als ob dies nicht der Fall wäre«, sagt Sherry

Marts, die wissenschaftliche Direktorin der Society for Women's Health Research.

Woher rührt dieses mangelnde Bewusstsein? Einer der Gründe liegt darin, dass die amerikanische Lebens- und Arzneimittelbehörde (Food and Drug Administration) und die Pharmaindustrie, also jene Gruppen, die für die Einstufung von Arzneimitteln zuständig sind, erst kürzlich damit begonnen haben, ihre Testergebnisse nach geschlechtsspezifischen Kriterien zu analysieren. Obwohl in medizinischen Fachzeitschriften immer häufiger geschlechtsspezifische Testergebnisse publiziert werden, ist dies laut Dr. Marts bis heute nicht die gängige Praxis. Aufgrund dessen ist über die geschlechtsspezifischen Risiken und Vorteile bestimmter Wirkstoffe nur wenig bekannt, da man bislang eine entsprechende Auswertung der Daten nur in den seltensten Fällen vorgenommen hat.

Und was können Sie tun, um sich vor potenziell schädlichen Arzneimitteln zu schützen? Dazu Dr. Marts: »Wir alle müssen von den Ärzten und Apothekern verlangen, dass sie uns ausführlich über die pharmazeutischen Präparate informieren, die sie uns verschreiben beziehungsweise verkaufen, und uns darüber aufklären, ob diese Mittel geeignet sind, uns unter den in unserem konkreten Fall vorliegenden Bedingungen zu helfen.«

Eine Studie der Stanford-Universität hat ergeben, dass 40 Prozent der getesteten Medikamente auf Frauen messbar anders wirkten als auf Männer.

36.

Erinnerungen gehen nicht verloren

Vergesslichkeit kann manchmal ziemlich unangenehm sein. Warum fällt uns etwas beim besten Willen nicht ein, obwohl wir uns in einer Situation unbedingt daran erinnern wollen? Warum vergessen wir etwas, bis es uns Stunden oder Tage später wieder in den Sinn kommt, obwohl wir den Versuch, uns daran zu erinnern, eigentlich schon aufgegeben hatten? Unsere Erinnerungen sind allesamt in unserem Gehirn gespeichert, also nicht etwa verloren. Trotzdem finden wir manchmal keinen Zugang zu diesen »Daten«. Unser Gehirn ist nämlich so eingerichtet, dass es Informationen in kleine Einzelelemente aufspaltet. Wenn wir auf der Straße nach dem Namen eines Bekannten suchen, den wir zufällig treffen, müssen wir zuerst unsere visuelle Erinnerung an die besagte Person reaktivieren und uns dann in einem weiteren Schritt den Namen ins Gedächtnis rufen. Dieser Prozess kann aber beispielsweise dadurch gestört werden, dass wir Angst haben, uns nicht mehr an den Namen erinnern zu können. Vertrauen Sie darauf: Die Information ist irgendwo in Ihrem Gehirn gespeichert, und sie wird auch zum Vorschein kommen. Nur kann das manchmal eben etwas dauern.

George kann sich Namen hervorragend merken. Er speichert sie, indem er neue Informationen in vertraute Bilder zerlegt. Wenn er sich beispielsweise einprägen möchte, dass Gutzon Borglum die Präsidentenfiguren am Mount Rushmore geschaffen hat, kommt ihm seine Sportbegeisterung zugute, und er denkt einfach an den Tennisstar Björn Borg und den bekannten Baseballspieler Mike Lum.

»Wenn ich an den Mount Rushmore denke, sehe ich automatisch Borg mit seinem kümmerlichen Bart und Mike Lum vor mir«, sagt er.

Sally behilft sich häufig damit, dass sie den Namen im Geiste mit einem körperlichen Merkmal oder einem bestimmten Reizwort verbindet. Wenn sich beides noch reimt, umso besser. Den reitsportbegeisterten Gerd würde sie beispielsweise als »Gerd mit dem Pferd« abspeichern – einen Barry mit dichtem lockigen Haar als »Hairy Barry«. Weitere Beispiele wären: Ruth mit dem Hut oder Esther mit der Schwester. Falls es mit dem Reimen nicht funktioniert, reicht auch ein Substantiv aus, das genügend Ähnlichkeit mit dem Namen aufweist, um als Auslöser zu taugen. Denken Sie zum Beispiel an einen Adler-Horst, wenn Sie es mit einem Menschen gleichen Namens zu tun haben. Oder assoziieren Sie den Namen Mercedes mit dem gleichnamigen Auto. »Wenn man im Geist ein Bild erzeugt, hat man immer eine konkrete Assoziation«, erklärt Sally.

Laut Dr. Harold Wolf lässt sich die Unfähigkeit, sich an etwas zu erinnern, mit einer Situation vergleichen, in der wir plötzlich merken, dass wir uns in einer Sackgasse befinden und nach alternativen Routen Ausschau halten müssen, um an unser Ziel zu gelangen. »Wenn der Zugang zu einer Erinnerung blockiert ist, sucht das Gehirn nach alternativen Verbindungswegen, um die betreffende Information doch noch bereitzustellen. Gedächtnisstützen sind nichts als einfache Umwege, auf denen wir, wenn vielleicht auch etwas verspätet, trotzdem ans gewünschte Ziel gelangen.«

Forscher der Johns-Hopkins-Universität haben die elektrischen Ströme gemessen, die zwischen den verschiedenen Hirnregionen eine Kommunikation ermöglichen, und dabei festgestellt, dass unser Gehirn mehrere Einzelinformationen reaktivieren muss, um eine bestimmte Erinnerung zutage zu fördern. Wenn uns also etwas »entfallen« ist, so bedeutet dies noch nicht, dass wir es wirklich vergessen haben, es heißt lediglich, dass die Kommunikation zwischen den verschiedenen Informationsbruchstücken gestört ist.

37 ·
Woher beziehen Sie Ihr Leitungswasser?

Wir alle wollen uns von gesunden Lebensmitteln ernähren. Und Wasser ist nun mal das gesündeste Getränk. Es enthält keine Kalorien und ist für unsere Körperfunktionen unverzichtbar. In Flaschen abgefülltes Wasser erlebt in den USA immer neue Absatzrekorde, da mehr als die Hälfte aller Amerikaner darum bemüht ist, mehr zu trinken. Die Bedeutung des Wassers für unsere Gesundheit hat jedoch eine wahre Hysterie und damit einhergehend eine Preisexplosion ausgelöst. Allerdings ist normales Leitungswasser für die Gesundheit genauso gut wie abgefülltes Wasser, und manchmal ist beides sogar identisch.

Von unabhängigen Instituten durchgeführte Tests haben ergeben, dass ein Drittel der in Kalifornien meistverkauften Flaschenwässer die in dem Bundesstaat für Leitungswasser geltenden Richtwerte nicht erfüllte, während keine einzige der getesteten Proben den in der Werbung gepriesenen Reinheitsgrad erreichte. In dem Bericht der Environmental Law

Foundation, die die Tests durchführte, heißt es: »Obwohl die vom Staat festgesetzten Richtwerte garantieren sollten, dass nur solches Wasser in den Verkauf gelangt, das strikten Gesundheitskriterien entspricht, ist der Einkauf eines Mineralwassers das reinste Glücksspiel. Man weiß einfach nicht, ob man einen Treffer landet oder nicht.«

Bill Walker, einer der Autoren des Berichts, sagt: »Unsere Ergebnisse belegen eindeutig, dass die astronomischen Preise, die der Verbraucher in Kalifornien für abgefülltes Wasser zahlt, reine Geldschneiderei sind. Man kann nicht für ein Produkt mit Qualitätsstandards werben, an die man sich nicht hält. Entweder die Vertreiber verbessern die Qualität ihres Abfüllgutes oder aber sie verzichten in der Werbung auf ihre völlig überzogenen Behauptungen.«

Laut Bill besteht das Problem darin, dass die Verbraucher für ihr gutes Geld Wasser kaufen möchten, das besser ist als Leitungswasser, »doch das bekommen sie nicht«. Dann fährt er fort: »Wenn Sie ein Wasser kaufen, sollten Sie vorher unbedingt feststellen, woher es kommt und wie es aufbereitet wird, bevor es den Endverbraucher erreicht. Andernfalls können Sie Ihr Geld auch gleich zum Fenster rauswerfen.«

Forscher des National Resource Defense Council haben festgestellt, dass es sich bei 40 Prozent des in den Vereinigten Staaten verkauften Flaschenwassers um Leitungswasser handelt.

38.

Lassen Sie sich nicht zum Passivraucher machen

Ob in der Familie, im Freundeskreis oder bei einem abendlichen Restaurantbesuch, viele Menschen nehmen das Passivrauchen fast widerstandslos auf sich, weil es ihnen zu mühsam ist, etwas dagegen zu unternehmen. Fakt ist aber, dass das Passivrauchen ein ernsthaftes freigewähltes Gesundheitsrisiko darstellt. Oder würden Sie sich etwa einen Schlag ins Gesicht nur deshalb bieten lassen, weil gerade jemandem der Sinn danach steht?

Im US-Bundesstaat Minnesota läuft gerade eine Aufklärungskampagne, in der auf die Gefahren des Passivrauchens hingewiesen wird. Die entsprechende Werbung, die über alle verfügbaren Medien wie die Presse, das Fernsehen, den Rundfunk und auf Plakatwänden und Bussen verbreitet wird, ist Bestandteil einer 5,5 Millionen Dollar teuren Antiraucherkampagne, auf die man sich 1998 in Minnesota mit der Tabakindustrie verständigt hat.

»Jedes Jahr kommen durch das Passivrauchen in Amerika mehr Menschen ums Leben als durch Mord, Drogen und Aids zusammen«, sagt Dr. Richard Hurt, ein Tabakforscher der Mayo-Klinik, der auch als Vorsitzender der Minnesota Partnership for Action Against Tobacco fungiert. Dr. Hurts Bürgerinitiative zeichnet auch für die oben erwähnte Werbekampagne verantwortlich.

»Passivrauchen ist nicht bloß ein Ärgernis«, sagt Dr. Hurt. Er stellt fest, dass Kinder, die zum Passivrauchen verurteilt sind, überdurchschnittlich häufig an Asthma bronchiale, Bronchitis und Lungenentzündung leiden oder am Plötzlichen Kindstod sterben. »Hunderttausende von Kindern müssen völlig sinnlos leiden, weil andere in ihrer Umgebung rauchen möchten.«

Trotzdem haben die meisten Menschen in Minnesota kein Verständnis dafür, »wie gravierend das Problem ist«, fährt er fort. Die Aufklärungskampagne soll dies ändern.

In einem 30-Sekunden-Fernsehspot ist ein toter Vogel in einem Käfig zu sehen. Unter seiner Stange liegt eine glimmende Zigarette. Auf einem eingeblendeten Schriftband heißt es: »Passivraucher atmen 200 Gifte und 43 Krebs erzeugende Wirkstoffe ein.«

Sämtliche Spots beziehungsweise Anzeigen enden mit der Frage: »Möchten Sie immer noch passiv rauchen?«

Ob ein Kind zum Passivrauchen gezwungen wird oder nicht, hängt direkt mit der Einstellung seiner Mutter zusammen. Wenn eine Mutter das Passivrauchen für ungesund hält, reduziert sich für ihr Kind das Risiko, sekundären Zigarettenrauch einzuatmen, um 72 Prozent. Das hat eine Studie der Kinderklinik Columbus, Ohio, ergeben.

39.

Wer verzeiht, lebt gesünder

Wenn Sie lernen, zu verzeihen und Gedanken und Gefühle der Wut und Verärgerung loszulassen, kommt dies auch der Fähigkeit Ihres Körpers zugute, sich nach einem Erregungszustand rascher wieder zu normalisieren. Am besten funktionieren kann unser Körper nämlich, wenn wir innerlich ausgeglichen sind. Verzichten Sie also schon aus Gesundheitsgründen darauf, endlos zu grollen.

Drew weiß noch, dass sich ihm jedes Mal schier der Magen umdrehte, wenn er nur daran dachte: Eine Kollegin, er hatte die Dame bis dahin sogar für eine enge Freundin gehalten, war mit einer neuen Idee, die sie ihm gestohlen hatte, in der Firma plötzlich groß herausgekommen.

»Sobald ich sie nur irgendwo gesehen habe, war ich völlig außer mir – ja, ich brauchte bloß daran zu denken. Ich habe gelitten wie ein geprügelter Hund.«

Allmählich begriff Drew jedoch, dass seine Kollegin mit seiner Wut wesentlich besser leben konnte als er selbst. »Ich stand ständig unter Hochdruck, und sie tat einfach so, als ob nichts wäre. Klar, für sie war ja auch alles in Ordnung.«

Als Drew dann zum Arzt ging, bestätigte sich seine Vermutung: Seine Wut hatte tatsächlich bereits körperliche Symptome verursacht. »Mein Blutdruck war gestiegen, und als der Arzt von mir wissen wollte, ob ich gerade unter einer besonderen Belastung stünde, fand ich nur eine Erklärung.«

Drew beschloss, dass er es sich nicht leisten konnte, sich weiterhin in seine Wut und Enttäuschung hineinzusteigern. Die freundschaftliche Beziehung zu seiner Kollegin war zwar ein für alle Mal in die Brüche gegangen, doch Drew wollte nicht länger auf der Vergangenheit und auf dem Unrecht herumreiten, das ihm widerfahren war. »Ich richtete den Blick wieder mehr in die Zukunft und begriff, dass ich diese für mich schwierige Situation nur überwinden konnte, wenn ich mich nicht länger darauf fixierte. Vorbei ist vorbei, das habe ich daraus gelernt. Und tatsächlich befinde ich mich allmählich auf dem Weg der Besserung.«

Ärzte der Universität Washington haben festgestellt, dass permanente Wutgefühle in mehr als 90 Prozent der untersuchten Fälle die Herzfrequenz, den Blutdruck und die Schweißproduktion erhöhen. Jedes dieser Symptome verweist auf eine Aktivierung des Nervensystems und auf eine erhöhte Ausschüttung von Stresshormonen.

40.
Benutzen Sie die Treppe

Vielleicht glauben Sie ja, dass Sie sich verbissen an einen komplizierten Plan halten müssen, um etwas für Ihre Gesundheit zu tun. In Wirklichkeit reicht es jedoch völlig, wenn Sie nur ein paar Gewohnheiten verändern. Benutzen Sie zum Beispiel statt des Aufzugs täglich die Treppe. Solche auf den ersten Blick vielleicht unbedeutenden Verhaltensänderungen können – langfristig gesehen – eine beträchtliche Wirkung zeigen.

Fast sechs von zehn Personen ersparen sich die Mühe, täglich etwas für ihre körperliche Fitness zu tun.

»In vielen Gegenden in Amerika wissen die Leute gar nicht mehr, wie man sich zu Fuß fortbewegt«, klagt Professor Harold Burton, der an der Universität des Staates New York in Buffalo als Dozent für Bewegungslehre tätig ist. »Wenn es weit und breit keinen richtigen Gehsteig gibt oder man ständig irgendwelche achtspurigen Straßen überqueren muss, wie soll man sich dann noch zu Fuß fortbewegen? Hinzu kommt, dass wir heute alles per Fernbedienung oder Computer machen. Deswegen bekommen wir den Hintern auch kaum noch aus dem Sessel.«

Weil körperliche Aktivitäten inzwischen so selten geworden sind, rät der Professor, jede Bewegungschance zu nutzen, die der Tag bietet. »Mag sein, dass es lächerlich klingt: Aber wenn Sie zum Einkaufen einen Großmarkt aufsuchen, sollten Sie den Wagen unbedingt möglichst weit von dem Gebäude entfernt und nicht etwa direkt vor der Tür abstellen. Schaffen Sie Ihre Fernbedienung ab, damit Sie von der Couch aufstehen müssen, wenn Sie ein anderes Programm sehen wollen. Nehmen Sie lieber ein paar Treppenstufen, bevor Sie den Aufzug benutzen.«

Dann fährt Professor Burton fort: »Wenn Sie unter akutem Bewegungsmangel leiden, ist bereits jede kleinste körperliche Aktivität ein Gewinn. Sicher, noch besser ist es für Ihre Gesundheit, wenn Sie sich dreimal die Woche eine halbe Stunde im Freien bewegen. Trotzdem: Etwas Bewegung ist wesentlich besser als überhaupt keine Bewegung.«

Forscher am Center for Disease Control in Washington, D.C., haben herausgefunden, dass es schon genügt, zehn Minuten am Tag Treppen zu steigen, um im Laufe eines Jahres rund fünf Kilo abzunehmen. Die

Wissenschaftler empfehlen deshalb, Treppenhäuser in Bürogebäuden und anderen Bereichen der Arbeitswelt attraktiver zu gestalten und beispielsweise mit Kunstwerken zu schmücken, was ihren Ergebnissen zufolge 14 Prozent mehr Arbeitnehmer dazu motivieren würde, die Treppe zu benutzen.

41.

Sie werden auch am Wochenende gut versorgt

Viele Menschen, die am Wochenende krank werden, glauben, dass sie vor Montag keine gute medizinische Betreuung erhalten können. Natürlich variiert die Zahl der verfügbaren Ärzte je nach Tageszeit und Wochentag, doch das beeinträchtigt keineswegs die Qualität der medizinischen Versorgung.

»Ich kenne mehrere Patienten, die mitten in der Nacht mit starken Schmerzen aufgewacht sind, aber erst am folgenden Morgen ärztliche Hilfe angefordert haben«, sagt Dr. Terry Brown. »Wenn doch die Leute nur endlich begreifen würden, dass Ärzte – anders als Installateure – keinen Wochenendzuschlag verlangen dürfen. Wir sind immer in Bereitschaft, und je früher Sie uns anfordern, umso eher können wir Ihnen helfen.«

Dann fährt Dr. Brown fort: »Unsere Notdienste sind wirklich mit keinem anderen Dienstleistungsbereich vergleichbar. Die Polizei, die Feuerwehr, die Krankenhäuser und der ärztliche Notdienst – wir alle sind auf einen 24-Stunden-Tag eingerichtet, und das täglich. Bei einem Notfall gibt es keinen einzigen vernünftigen Grund, den erforderlichen Hilferuf aufzuschieben.«

Und noch eins: »Wir haben ein Schichtsystem: Das heißt, sämtliche Ärzte, gute und weniger gute, haben mal tagsüber und mal nachts Dienst. Wenn Sie nachts eingeliefert werden, ist Ihre Chance, auf einen guten Arzt zu treffen, also genauso hoch wie tagsüber.«

Zwar möchte Dr. Brown niemanden dazu ermutigen, morgens um zwei Uhr im Krankenhaus aufzukreuzen, um sich über die dortige Bereitschaftssituation zu informieren; doch rät er jedem, sich einen Eindruck von den medizinischen Versorgungsmöglichkeiten im Umkreis der eigenen Wohnung zu verschaffen. »Natürlich sollte man wissen, wann der eigene Hausarzt Sprechstunde hat und wann das nächstgelegene Krankenhaus ambulante Patienten behandelt. Trotzdem: Wenn Sie in einer Notsituation Hilfe brauchen, können Sie diese jederzeit anfordern.«

Ärzte der Universität Iowa haben anhand der Fallgeschichten von 150 000 schwerkranken Patienten überprüft, ob der Tag der Einlieferung Rückschlüsse auf den Heilungsprozess zuließ. Dabei stellten sie fest, dass es für die Genesungsaussichten der Patienten nicht weiter relevant war, ob sie an einem Wochentag oder am Wochenende eingeliefert worden waren.

42.

Sprechen Sie mit Ihrem Apotheker

Wenn wir uns wegen einer Krankheit behandeln lassen, unterschätzen wir häufig die Bedeutung des Apothekers für den Heilungserfolg. Der Apotheker kann uns beispielsweise dabei helfen, die Wirkung der Mittel zu verstehen, die wir einnehmen müssen. Außerdem kann er uns erklären, welche Regeln bei der Einnahme bestimmter Präparate zu beachten sind, und uns im Falle einer leichteren Erkrankung bei der Wahl des geeignetsten rezeptfreien Mittels beraten. Suchen Sie deshalb regelmäßig das Gespräch mit Ihrem Apotheker, und Sie können sicher sein, dass Sie beim Kauf Ihrer Medikamente keine gravierenden Fehler machen.

Auf den Beipackzetteln der Medikamente, die Larry einnehmen musste, waren ganz unterschiedliche Anweisungen abgedruckt. Mit Wasser einnehmen. Zum Essen einnehmen. Nach Bedarf einnehmen. So lange einnehmen, bis die Packung leer ist. Nach der Einnahme ist das Führen eines Fahrzeugs oder die Bedienung gefährlicher Maschinen zu unterlassen.

Larry wusste nur eines: Jedes der Präparate war wichtig für seine Gesundung. Aber was die einzelnen Mittel konkret bewirkten und warum oder ob es alternative Möglichkeiten gab, das wusste Larry nicht.

Die statistischen Daten, die heute über die Folgen falsch eingenommener Arzneimittel vorliegen, sprechen eine deutliche Sprache. In den Vereinigten Staaten ist die unsachgemäße Anwendung pharmazeutischer Produkte jedes Jahr ursächlich für jede sechste Krankenhauseinlieferung, eine von vier Einweisungen in ein Pflegeheim, ein Viertel aller gegen Ärzte angestrengter Verfahren wegen Behandlungsfehlern, die Hälfte aller (selbst verschuldeten) Fehlmedikationen und 2,5 Millionen medizinische Notfälle.

Außerdem verursacht der unsachgemäße Umgang mit rezeptpflichtigen Medikamenten in den USA jährlich Kosten von 200 Milliarden Dollar. Wären die Patienten über die korrekte Anwendung pharmazeutischer Präparate besser aufgeklärt, würde dies den genannten Betrag um 80 Prozent senken.

»Ein entscheidender Aspekt dieser Aufklärung ist die Kommunikation zwischen Arzt und Apotheker einerseits und dem Patienten auf der anderen Seite«, so Professor Jerry Cable, Ohio State University. »Die Leute haben ständig Fragen. Deshalb brauchen sie jemanden, der sie fachkundig berät und moralisch unterstützt.«

Das von Professor Cable initiierte Programm »Apotheker geben Auskunft« entsprach genau diesem Bedürfnis. »Wir haben die Leute auf Arzneien angesprochen, deren Verfallsdatum überschritten war, auf Doppeltverschreibungen und Wirkstoffe, die mit anderen Mitteln in Wechselwirkung treten können. Außerdem haben wir mit ihnen über Präparate gesprochen, bei denen es sich in den Augen des Durchschnittsbürgers gar nicht um Arzneimittel handelt, zum Beispiel pflanzliche Produkte, Vitamine und Cremes«, sagt Professor Cable.

Bei Larry entdeckte man zwei Arzneien, die für ein und dieselbe Indikation bestimmt waren. Larry war dankbar für die Information.

»Die Leute brauchen jemanden, der den Überblick über ihre Medikation behält, zumal den meisten Patienten nicht bewusst ist, welche Wechselwirkungen zwischen den verschiedenen Wirkstoffen auftreten können«, sagt Professor Cable.

Forscher der Ohio State University haben in einer Studie festgestellt, dass Menschen, denen die Möglichkeit geboten wurde, sich im persönlichen Gespräch mit ihrem Apotheker über ihren Gesundheitszustand auszutauschen, 13 Prozent weniger Medikamente einnahmen und um 60 Prozent weniger Probleme mit unerwünschten Nebenwirkungen ihrer Medikation hatten.

43·
Betupfen Sie sich die Nase, statt sich zu schnäuzen

Als Kind hat man Ihnen vermutlich beigebracht, sich die Nase nicht nur abzutupfen, sondern sich richtig zu schnäuzen. Dabei spricht aus wissenschaftlicher Sicht nichts dagegen, sich die Nase abzutupfen, während sich gegen das Schnäuzen zahlreiche Gründe anführen lassen.

Der Mikrobiologe Charles Gerba von der Universität Arizona kennt sich mit Krankheitserregern sehr gut aus. Er befasst sich mit der Frage, wie wir uns selbst und andere mit diesen Keimen anstecken.

Ein geradezu idealer »Brutplatz« für Krankheitserreger sind zum Beispiel Stofftaschentücher. »Solche Organismen sind in der Waschmaschine äußerst zählebig. Wenn Sie also zum Beispiel eine Maschine Taschentücher waschen, übertragen Sie die Keime automatisch auf die nächste Wäscheladung und sorgen so dafür, dass sich die Erreger ungehindert ausbreiten können«, sagt Dr. Gerba. Allerdings kann heißes Wasser diese Wirkung reduzieren.

Aber selbst wenn Sie sich mit einem Papiertaschentuch schnäuzen, »verteilen Sie kleine Mengen des virusverseuchten Schleimes in die Nebenhöhlen und verursachen dort eine Entzündung.«

Deshalb rät Dr. Gerba: »Je undramatischer Sie auf einen Schnupfen reagieren, umso besser. Wenn Ihre Nase läuft, sollten Sie den Schleim einfach mit einem Papiertaschentuch abtupfen, statt nach Kräften dafür zu sorgen, dass Sie die Erreger an andere oder an sich selbst weitergeben.« Und dann fährt er fort: »Wir müssen endlich begreifen, dass es sich bei unserer Nase um eine echte ›Keimkanone‹ handelt. Tatsächlich spricht vieles dafür, dass es besser ist, diese Kanone nicht abzufeuern.«

Wissenschaftler der Universität Virginia haben herausgefunden, dass ihre Probanden umso länger unter einem Schnupfen zu leiden hatten, je häufiger sie sich schnäuzten. Wenn sich die Betreffenden hingegen die Nase nur abtupften, waren hinterher keine Auswirkungen auf die Dauer des Schnupfens feststellbar.

44.
Auch banale Tätigkeiten können gefährlich sein

Es gibt wahrscheinlich nur wenige Betätigungen, die banaler erscheinen, als hinter einem Rasenmäher herzulaufen und so oft umzukehren, bis schließlich der ganze Rasen gemäht ist. Aber ein Rasenmäher kann nicht nur Gras abschneiden, sondern fast alles, womit er in Kontakt kommt, also zum Beispiel auch Hände und Füße. Lassen Sie sich deshalb nie durch eine monotone Arbeit davon abhalten, an Ihre Sicherheit zu denken.

Michael McReynolds gibt sich alle Mühe, sein Grundstück in Ordnung zu halten, und hat schon so manches Wochenende hinter dem Rasenmäher verbracht. Da er als Sanitäter bei einer in Michigan stationierten Flugrettungsstaffel tätig ist, die schwerverletzte Unfallpatienten ins Krankenhaus fliegt, kennt er sich allerdings sehr gut mit den verheerenden Verletzungen aus, die man sich beim Rasenmähen zuziehen kann.

»Ein unsachgemäß und ohne die nötigen Sicherheitsvorkehrungen verwendeter Rasenmäher kann sehr gefährlich sein«, erklärt er. »Doch die allermeisten Rasenmäherunfälle wären vermeidbar.« Bevor Michael seinen Rasen mäht, sammelt er deshalb alle Dinge auf, die dort nichts verloren haben, vor allem das Spielzeug, das seine Kinder manchmal einfach im Gras liegen lassen. Fremdkörper, die sich im Gras verstecken, können nämlich in das Mähwerk geraten und dann wie ein Geschoss seitlich herausgeschleudert werden. Dabei kann es zu schweren Unfällen kommen«, sagt Michael. Aber auch der »Pilot« des Rasenmähers sollte sich unbedingt schützen: das heißt, eine lange Hose, vorne mit Stahlkappen verstärkte Schuhe und eine Schutzbrille tragen. Weiterhin empfiehlt Michael, einen Ohrenschutz zu verwenden, da Rasenmäher mit ihren durchschnittlich 95 Dezibel extrem laut sind.

Doch die allergrößte Gefahr stellt das Mähwerk selbst dar. »Führen Sie unter gar keinen Umständen die Hand unter den Rasenmäher. Selbst wenn Sie das Mähwerk bereits ausgeschaltet haben, bleibt es nicht gleich stehen, sodass Sie sich auch weiterhin erheblich verletzen können«, sagt Michael. »Außerdem sollten Sie unter allen Umständen den Stecker aus der Dose ziehen, bevor Sie die Radhöhe des Mähers verstellen, damit sich der Rasenmäher auf gar keinen Fall von selbst aktivieren kann.«

Forscher der Universität Michigan haben herausgefunden, dass jedes Jahr 75 000 Amerikaner in Rasenmäherunfälle verwickelt sind.

45.
Reden Sie sich Ihren Kummer von der Seele

Da wir stark erscheinen wollen, versuchen wir häufig zu verbergen, was wirklich in uns vor sich geht. Aber wenn wir unsere Probleme in uns verschließen, isolieren wir uns gleichzeitig von den Menschen, die sich um uns sorgen und uns helfen oder trösten möchten. Je weniger Sie bereit sind, mit Ihren Angehörigen oder Freunden über Ihre Probleme zu sprechen, umso mehr werden diese Probleme Sie niederdrücken und sich auf Ihre Gesundheit und Ihr Lebensgefühl auswirken.

Pete bietet Weiterbildungs- und Umschulungskurse für Menschen an, die ihren Arbeitsplatz verloren haben. In letzter Zeit hat Petes Unternehmen seine Angebotspalette immer mehr erweitert. Mittlerweile ist es auch aktiv in die Arbeitsvermittlung eingestiegen. »Wir haben erkannt, was für eine unglaubliche Belastung eine solche Situation für viele Menschen darstellt. Deshalb müssen wir wirklich auf jede einzelne Person und ihre Gefühle eingehen, sonst nützt auch die beste Umschulung nichts.«

Pete sagt dazu: »Arbeitslose und ihre Lebenspartner verfallen nach dem Verlust ihres Jobs häufig in ein bestimmtes emotionales Muster. Sie schämen sich und meinen, sich für ihre Erwerbslosigkeit entschuldigen zu müssen. Deshalb sind sie oft misstrauisch und verschlossen. Manchmal vermeiden sie es aber auch ganz, über ihre Situation zu sprechen, weil sie ihren Partner nicht belasten wollen.«

Der Partner wiederum »versucht oftmals, seine eigenen Sorgen nicht zu zeigen. Wenn ein Arbeitsloser sich mehr und mehr in sich zurückzieht, macht sich der/die Partner/-in häufig Gedanken und würde nur zu gerne wissen, was der andere unternimmt, um eine neue Stelle zu finden. Unter diesen Umständen halten beide mit ihren Sorgen hinter dem Berg, was ihr Lebensgefühl, ihre Gesundheit, ja, ihr ganzes Dasein in Mitleidenschaft ziehen kann.«

Pete weiß einen Ausweg aus dieser schwierigen Situation: »Kommunikation ist das Einzige, was dabei hilft, schwierige Zeiten zu überstehen. Offene, gut organisierte und aktive Familien werden im Allgemeinen mit einer derartigen Situation am besten fertig. Der Grund ist, dass alle Beteiligten ehrlich darüber sprechen können, wie sie die Umstände erleben, und dann die Belastungen gemeinsam schultern. So können sie sich am Ende auch gemeinsam freuen, wenn wieder bessere Zeiten anbrechen. Seien Sie deshalb offen gegenüber Ihren Angehörigen und Freunden. Egal ob Ihre Situation sich verbessert oder sogar zunächst noch verschlechtert, es bringt absolut gar nichts, alles in sich hineinzufressen.«

Männer, die in Stresssituationen über ihre Probleme und Frustrationen sprechen und sich Kollegen und Freunden anvertrauen, statt alles mit sich allein auszutragen, haben eine höhere Spermienanzahl als solche, die sich verschließen. Das hat eine Studie der Universität Missouri ergeben.

46.
Kein Fernsehen beim Essen

In vielen Haushalten gibt es beim Abendessen einen Dauergast: den Fernseher. Wenn wir beim Essen fernsehen, passiert es leicht, dass wir von beidem zu viel konsumieren. Vermeiden Sie es also, bei den Mahlzeiten fernzusehen, damit Sie lernen, beides in der richtigen Dosierung zu genießen.

»Irgendwann ist mir aufgefallen, dass die Glotze nicht nur Einfluss darauf hatte, was, sondern auch wie viel ich aß«, berichtet Debra über die Zeit, als sie noch gemeinsam mit ihrem Sohn beim Essen fernsah. »Wenn man fernsieht und gleichzeitig isst, konzentriert man sich auf keines von beiden richtig. Man schaut so gebannt auf die Mattscheibe, dass man gar nicht bemerkt, wie viel man isst. Oder aber man ist so mit dem Essen beschäftigt, dass man gar nicht mehr mitbekommt, dass man ständig auf die Flimmerkiste starrt.«

Dann fährt sie fort: »Wenn der Fernseher läuft, isst man einfach alles – die ungesündesten Sachen: Plätzchen, Schokoriegel, Fertiggerichte.« Für sie ist diese Gewohnheit etwa so, wie wenn man sich in der Schule mit den falschen Freunden einlässt. »Man tut Dinge, die man sonst nie tun würde, obwohl es dafür eigentlich gar keinen plausiblen Grund gibt.«

Als sie beschloss, diese Situation zu ändern, reduzierte Debra nicht nur ihre Kalorienzufuhr und ihren Fernsehkonsum, sondern zog auch zwischen beiden Beschäftigungen eine strikte Trennlinie. »Wir haben unser Verhalten in diesem Punkt völlig verändert«, sagt sie, »und seither weiß ich viel mehr zu schätzen, was mir die Dinge bedeuten.«

Nach Auskunft einer Studie des Kinderkrankenhauses Cincinnati steigert die Gewohnheit, vor dem Fernseher zu essen, den täglichen TV-Konsum um zirka eine Stunde.

47 ·
Vorsicht bei Energydrinks

Solange Sie sich nicht länger als 45 Minuten intensiv sportlich betätigen, gibt es keinen Grund, zur Erfrischung etwas anderes als Wasser zu trinken. Nur wenn Sie Hochleistungssport treiben, kann ein Energydrink hilfreich sein. Lesen Sie jedoch vorher genau, was auf dem Etikett vermerkt ist: Manche Energydrinks enthalten nämlich mehr Inhaltsstoffe, die der Gesundheit schaden als nützen.

Tim Dunn ist Arzt und spielt am Wochenende begeistert Basketball in der örtlichen Liga. Er kennt also aus eigener Erfahrung das Dilemma, vor das sich sportlich aktive Menschen gestellt sehen, wenn sie sich durch ein Getränk erfrischen wollen. »Alle möglichen Getränke, in denen Kohlenhydrate, Eiweiß, Koffein, pflanzliche Produkte und Vitamine enthalten sind, präsentieren sich als perfekte Energydrinks. Aber wie soll man unter solchen Umständen entscheiden, welches dieser Getränke tatsächlich besonders gut ist?«, sagt Dr. Dunn.

Seine Antwort: »Das ist ganz einfach. Es gibt nämlich kein magisches Gebräu, das automatisch dafür sorgt, dass man höher springt, schneller läuft, geistig reger ist oder plötzlich sportliche Höchstleistungen erbringt. Solche Getränke haben doch nur den Zweck, den bei anstrengenden sportlichen Aktivitäten unvermeidlichen Flüssigkeitsverlust des Körpers auszugleichen.«

Dr. Dunn weiter: »Denken Sie stets daran, dass bei Flüssigkeitsmangel Wasser die beste Abhilfe schafft. Immerhin besteht unser Körper ja zum größten Teil aus Wasser. Wasser gibt es im Überfluss, es ist preiswert und wird von der Natur schon seit Millionen von Jahren als wichtigstes Getränk bereitgestellt. Gegen Flüssigkeitsmangel hilft also vor allem Wasser. Allerdings reicht Wasser bei intensiven körperlichen Strapazen oder bei schweißtreibenden Aktivitäten, die länger als 45 Minuten dauern, manchmal nicht aus.«

Und welche Inhaltsstoffe sollte ein guter Energydrink nun enthalten bzw. nicht enthalten?

Dazu wieder Dr. Dunn: »Ein optimaler Energydrink sollte nicht mehr als acht Prozent Kohlehydrate enthalten. Meiden Sie tunlichst kohlensäurehaltige Energydrinks, in denen Koffein oder Kräutermixturen und mehr als acht Prozent Zucker enthalten sind. Diese Inhaltsstoffe können nämlich dazu führen, dass der eigentliche Zweck eines Energydrinks – die Flüssigkeitszufuhr – zu kurz kommt. Um es vereinfacht zu sagen: Versorgen Sie Ihren Körper stets ausreichend mit Flüssigkeit, aber lassen Sie sich nicht einreden, Energydrinks könnten Wunder wirken. Das Einzige, was

Ihre Leistungsfähigkeit und Ihr Allgemeinbefinden verbessert, sind eine gesunde Ernährung, ausgedehnte Ruhephasen und ausreichend körperliche Bewegung.«

Forscher der Colorado State University haben festgestellt, dass es für neun von zehn sportlich aktiven Menschen am besten ist, Flüssigkeitsverlust durch Wasser auszugleichen. Deshalb ist der Konsum von Energydrinks eigentlich nur dann berechtigt, wenn jemand Hochleistungssport treibt.

48.

In gesunden wie in kranken Tagen

Eheleute neigen dazu, sich in ihrer Lebensweise einander anzugleichen. Wenn Sie also das Gelöbnis ablegen, in gesunden wie in kranken Tagen zusammenzuhalten, kann es leicht geschehen, dass Sie Ihre gesunden wie Ihre kranken Tage beide zur selben Zeit erleben. Eine erfolgreiche Gesundheitsplanung sollte deshalb nicht nur auf Sie selbst, sondern auch auf Ihre nächsten Angehörigen abgestimmt sein.

Als Samantha Andy heiratete, nahm sie an, dass nun in dem perfekten Haus der beiden eine endlos lange Zeit des Glücks beginnen würde. Aber bereits die ersten Monate stellten die beiden vor einige Herausforderungen: Sie mussten sich nämlich erst noch richtig kennen lernen und ihr Leben und ihre Gewohnheiten aufeinander abstimmen. »Wir mussten erst noch lernen, in dem Haus, das wir gekauft hatten, richtig zu leben. Natürlich war nicht alles perfekt, aber es war trotzdem eine herrliche Zeit.« Doch bereits vor Ablauf des ersten Jahres erschienen den beiden all die kleinen Umstellungen, die ihnen abverlangt wurden, völlig belanglos.

Samantha und Andy fühlten sich nämlich plötzlich ständig krank, schwach und müde und hatten zudem kaum noch Appetit. Entgegen ihren Erwartungen war dieser Zustand nicht etwa nach ein paar Tagen vorüber, sondern hielt an. Samantha ging als Erste zum Arzt, aber der konnte ihr auch nicht weiterhelfen. Andy versuchte zunächst, sich irgendwie durchzubeißen, konsultierte dann aber ebenfalls einen Arzt und klagte über fast dieselben Symptome wie Samantha. Leider vermochte sein Arzt ebenso wenig eine schlüssige Diagnose zu stellen.

Doch dann fuhr Andy seine junge Frau zu einer dritten Ärztin, und das Geheimnis klärte sich allmählich auf. Als die Ärztin Andy so neben Samantha sitzen sah, fiel ihr auf, dass eigentlich beide Hilfe benötigten. Dann beschrieben sie ihre Symptome, und die Ärztin erkundigte sich, welches den beiden gemeinsame Verhalten die genannten Symptome womöglich verursacht haben könnte. Nachdem die drei eine ganze Palette solcher Möglichkeiten verworfen hatten, kam die Ärztin plötzlich auf die Idee, dass vielleicht das Haus selbst das junge Paar krank machte. Und tatsächlich ergab ihre Nachfrage, dass die beiden erst unlängst die Räume in ihrem Heim frisch gestrichen und deswegen zuvor einen jahrzehntealten bleihaltigen Anstrich von den Wänden entfernt hatten. Des Rätsels Lösung: Samantha und Andy hatten eine Bleivergiftung.

Nachdem die Ärztin Samantha und Andy über die Risiken alter Farbpartikel aufgeklärt hatte, gingen die zwei bei der Renovierung ihres

Heimes fortan wesentlich vorsichtiger zu Werke und waren schon bald wieder ganz die alten. »Hätte Andy mich an dem Tag nicht zufällig zu der Ärztin begleitet«, sagt Samantha, »dann hätten wir uns wahrscheinlich weiterhin völlig vergeblich den Kopf zerbrochen. Der für die Diagnose entscheidende Hinweis war nämlich der Umstand, dass wir beide über die gleichen Symptome klagten.«

Eine Studie der Brigham Young University hat ergeben, dass die Frau eines gesunden Mannes eine fünfmal höhere Chance hat, ebenfalls gesund zu sein, als die Frau eines gesundheitlich angeschlagenen Mannes.

49.
Merken Sie sich eines: Ginkoextrakt hilft Ihrem Gedächtnis nicht auf die Sprünge

Der Extrakt aus den Blättern des Ginkobaumes soll angeblich unser Gedächtnis und eine Reihe weiterer geistiger Funktionen unterstützen. Das behaupten jedenfalls die Vertreiber dieser Mittel. Allein in den Vereinigten Staaten werden jährlich Ginkopräparate im Wert von 500 Millionen Dollar gekauft. Wissenschaftliche Versuche haben einen Zusammenhang wie anfangs beschrieben jedoch nicht bestätigt.

Sie sind in einem Einkaufszentrum und haben vergessen, wo Sie Ihren Wagen abgestellt haben. Sie sind auf dem Weg zur Arbeit und wissen nicht mehr, ob Sie die Haustür abgeschlossen haben. Sie sitzen vor dem Fernseher und können sich beim besten Willen nicht mehr daran erinnern, in welchem anderen Film Sie den Hauptdarsteller schon einmal gesehen haben.

»Keine Sorge. Das ist ganz normal«, sagt David Salmon, der als Neurophysiologe an der Universität Kalifornien in San Diego tätig ist. »Vor allem wenn wir älter werden, arbeitet unser Gehirn nicht mehr so gut. Sachverhalte, an die wir uns in jüngeren Jahren mühelos erinnern konnten, erfordern später eine größere Anstrengung.«

Doch das ist noch lange kein Grund zu verzweifeln. »Jede Art von Druck oder Stress lenkt unsere Aufmerksamkeit ab, deshalb prägen sich uns bestimmte Dinge nicht so tief ein«, sagt Larry Squire, der als Professor für Psychiatrie ebenfalls an der Universität Kalifornien in San Diego arbeitet. »Ob Sie sich an einen Sachverhalt später noch deutlich erinnern können, hängt davon ab, wie sehr Sie sich in der entsprechenden Situation darauf konzentriert haben.«

Dr. Salmon sagt außerdem klipp und klar: »Ginkopräparate oder andere derartige Mittel werden Ihr Gedächtnis auch nicht verbessern. Eine Auswertung der bislang vorliegenden Forschungsergebnisse durch das Center for Science in the Public Interest hat ergeben, dass solche Extrakte rausgeworfenes Geld sind.«

In einer wissenschaftlichen Untersuchung der Memory Clinic in Bennington, in der die eine Hälfte der Probanden ein Ginkopräparat und die andere Hälfte ein Plazebo erhielt, konnte im Hinblick auf die Gedächtnisleistung und die sonstigen geistigen Funktionen zwischen beiden Gruppen kein messbarer Unterschied festgestellt werden.

50.
Lachen ist wirklich die beste Medizin

Lachen hilft uns dabei, mit Schmerzen und Schwierigkeiten fertig zu werden, und ist deswegen auch für die Gesundheit von Bedeutung, weil es Angst und körperliche Anspannung abbaut. Wenn Sie krank oder wegen Ihrer Gesundheit besorgt sind, sollten Sie sich daher die Zeit nehmen, sich Ihre Lieblingskomödie auf Video anzuschauen oder ein lustiges Buch zu lesen.

Dr. Steve Allen jun. arbeitet als Hausarzt und zugleich Medizinprofessor an der State University of New York. In seinen Lehrveranstaltungen erläutert er seinen Studenten bereits seit 20 Jahren die Bedeutung des Humors für die Gesundheit. Er ist der Sohn des inzwischen verstorbenen Schauspielers und Humoristen Steve Allen sen.

Dr. Allen ist dafür bekannt, dass er gerne mit seinen Patienten herumalbert und ihnen Witze erzählt, um sie zu beruhigen. Selbst in Besprechungen mit anderen Ärzten ist er stets zu einem Scherz aufgelegt.

Dr. Allen sagt, dass das Lachen nicht nur unserer Gesundheit, sondern auch unserem Allgemeinbefinden zugute kommt. »Es steigert unsere Aufnahmefähigkeit und Kreativität und erleichtert die Lösung von Konflikten. Außerdem sorgt es dafür, dass wir uns generell besser fühlen.«

Die Forschung bestätigt Dr. Allens Überzeugung.

Steven Sultanoff, ehemals Vorsitzender der Vereinigung für angewandten und therapeutischen Humor (Association for Applied and Therapeutic Humor) verweist auf Studien, die belegen, dass durch Lachen die für die Bekämpfung von Atemwegserkrankungen und anderen Infektionen erforderlichen Antikörper zunehmen. Zudem senkt Lachen den Blutkortisolspiegel, der unter Stress ansteigt. Humor erhöht aber auch die Schmerztoleranz, weshalb Dr. Sultanoff, wenn er mit dem Auto zum Zahnarzt fährt, am liebsten eine lustige Kassette einlegt.

»Wir wissen, dass unsere Art zu denken unmittelbar auf unsere Gefühle durchschlägt«, sagt Dr. Sultanoff. »Wir können uns also selbst in eine Depression, in Angst und Wut hineindenken. Wenn wir die Dinge jedoch mit Humor betrachten, können wir negatives in positives Denken verwandeln.«

Forscher der Universität Maryland in Baltimore County haben festgestellt, dass das Risiko einer Herzerkrankung bei Menschen, die kaum lachen, um 40 Prozent höher liegt als bei solchen, die sehr viel lachen.

51.

Vorsicht bei gleichzeitiger Einnahme mehrerer Medikamente

Viele der im Handel erhältlichen Medikamente sind unbedenklich und wirksam, wenn man sie allein einnimmt, jedoch unwirksam oder häufig sogar schädlich in Kombination mit einem anderen Mittel. Wenn Sie daher in der Apotheke rezeptfreie Arzneimittel kaufen, sollten Sie stets bedenken, dass sich die Wirkung eines Präparates nur dann richtig einschätzen lässt, solange dabei alle übrigen Mittel berücksichtigt werden, die man parallel dazu einnimmt. Falls Sie sich ein Medikament verschreiben lassen, sollten Sie Ihren Arzt also unbedingt über anderweitige Mittel informieren. Besorgen Sie sich deshalb möglichst sämtliche rezeptpflichtigen Arzneien in ein und derselben Apotheke. Ihr Apotheker dürfte ja darüber im Bilde sein, welche anderen Medikamente Sie noch einnehmen, und kann Sie darum eindringlich warnen, wenn eines der Mittel sich mit einer oder mehreren der übrigen Substanzen nicht verträgt.

Eine Umfrage der Verbraucherschutzliga (National Consumer League) in den USA hat ergeben, dass fast die Hälfte der Befragten die empfohlene Dosis rezeptfreier Schmerzmittel wissentlich überschritten. Nicht einmal 20 Prozent machten sich nach eigenem Bekunden die Mühe, den Beipackzettel zu studieren.

Verbraucherschutzorganisationen und Gesundheitsbehörden bezeichnen diese Zahlen als alarmierend. Den vorliegenden Erkenntnissen zufolge sind sich die meisten der 175 Millionen Amerikaner, die jährlich rezeptfreie Schmerzmittel einnehmen, der potenziellen Risiken dieser Präparate nicht bewusst. Nach Auffassung von Experten führt dies dazu, dass viele Menschen diese – vor allem gegen Arthritis, Virusinfektionen, Kopf- und Muskelschmerzen eingesetzten – außerordentlich populären Arzneimittel missbrauchen.

Gesundheitsexperten betonen, dass die beliebtesten rezeptfreien Präparate gegen Schmerzzustände, etwa Aspirin, Azetaminophen, Ibuprofen und Naproxen, bei vorschriftsmäßiger Verwendung unbedenklich sind. Das Problem ist nur, dass viele Amerikaner diese aggressiv vermarkteten Pillen gedankenlos »wie Bonbons futtern«, so der Leberspezialist Dr. William Lee.

Dr. Lee verweist in diesem Zusammenhang auch auf ein beliebtes Grippemittel, von dem man den Angaben des Herstellers folgend innerhalb von 24 Stunden nicht mehr als vier Dosierungen zu sich nehmen sollte. »Nicht vermerkt ist auf dem Beipackzettel jedoch, dass die Kombination dieses Präparates mit diversen Schmerzmitteln genauso gefährlich ist wie die Einnahme einer fünften Dosis. Und darauf stößt man immer wieder: Präparate, auf denen vermerkt ist, was man alles nicht mit ihnen tun sollte, die jedoch völlig ignorieren, dass der/die Betreffende zur gleichen Zeit möglicherweise noch ein anderes Präparat einnimmt.«

Menschen, die zur Vorbeugung gegen einen Herzinfarkt regelmäßig Aspirin einnehmen, gefährden die gewünschte Wirkung des Mittels, wenn sie parallel dazu über einen längeren Zeitraum andere Schmerzpräparate, etwa Ibuprofen, verwenden. Das haben Ärzte der Universität Iowa herausgefunden.

52.
Künstlich gebleichte Zähne können Ärger bereiten

Wer sich die Zähne bleichen möchte, um sein Lächeln noch strahlender erscheinen zu lassen, sollte auf der Hut sein. Viele Menschen, die ihre Zähne mit den marktgängigen Aufhellungsmitteln behandeln, klagen hinterher über empfindliche Zähne. Fragen Sie deshalb Ihren Zahnarzt, ob Sie ein solches Präparat verwenden dürfen, vor allem wenn Sie Füllungen oder Kronen haben oder unter Paradontose (Zahnfleischschwund) leiden.

Der Wunsch nach einem makellos strahlenden Lächeln ist der neueste Trend in der Zahnkosmetik. Tatsächlich ist nach Auskunft der Amerikanischen Akademie für Zahnkosmetik (American Academy of Cosmetic Dentistry) eine Aufhellung der Zähne die zurzeit am häufigsten erwünschte zahnkosmetische Leistung.

»Die Nachfrage der Konsumenten nach einer Aufhellung ihrer Zähne ist in den vergangenen fünf Jahren um 300 Prozent gestiegen«, sagt der Zahnarzt Christian Kammer aus Wisconsin.

Außerdem kommen fast im Wochenrhythmus neue frei verkäufliche Produkte, etwa Aufhellungsstreifen, Gels und Bleichzahnpasten, auf den Markt, sodass die Hersteller mit diesen Mitteln inzwischen Milliardenumsätze verbuchen können.

»Allerdings wird der Bleichungsprozess durch Plaque und Zahnbelag behindert, die Zähne müssen also vollkommen sauber sein, bevor man entsprechende Maßnahmen ergreift«, sagt Dr. Kammer.

Ferner gibt es einen beträchtlichen Unterschied zwischen den Bleichungsverfahren professioneller Zahnärzte und den Methoden, die Ihnen zu Hause zur Verfügung stehen. So kostet zum Beispiel eine professionelle Bleichung der Zähne mit entweder Wasserstoff oder Karbamidperoxid üblicherweise zwischen 350 und 600 Dollar, während eine maßgeschneiderte Kunststoffschiene, die der Zahnarzt für den Hausgebrauch anfertigt, bereits für die Hälfte zu haben ist. Frei verkäufliche Produkte, die Lösungen mit einer geringeren Peroxidkonzentration enthalten als die von Zahnärzten verwendeten, kosten dagegen nur zwischen 15 und 40 Dollar.

»Bei Leuten, die ihre Zähne bloß mit einem solchen Bleichmittel betupfen wollen, sind diese Supermarkt- und Drogerieprodukte vielleicht annehmbar, aber sie sind nicht so wirksam – oder so stark – wie die Präparate, mit denen in einer professionellen Zahnarztpraxis gearbeitet wird«, erklärt Dr. Kammer. »Eine unsachgemäße Anwendung dieser preiswerten Bleichmittel kann im Übrigen den Zahnschmelz erheblich beschädigen«, fügt er noch warnend hinzu.

Eine Studie der Universität Südkalifornien hat ergeben, dass 54 Prozent der Befragten nach einer einwöchigen Anwendung frei verkäuflicher Bleichmittel über eine leichte Überempfindlichkeit ihrer Zähne klagten, acht Prozent berichteten von einer moderaten und vier Prozent sogar von einer starken Überempfindlichkeit.

53.
Bestimmen Sie selbst über Ihr Tun

Je mehr Sie das Gefühl haben, selbst darüber zu bestimmen, was Sie tun, umso weniger belasten Sie Ihren Körper mit unnötigem Stress. Das heißt natürlich nicht, dass es ganz in Ihrer Macht liegt, ob Sie gesund sind oder ein Leben ohne Probleme führen. Es bedeutet vielmehr: Wenn Sie sich auf die Lösung der anstehenden Probleme konzentrieren, können Sie Ihre Aufmerksamkeit ganz auf die Aspekte richten, die Sie selbst beeinflussen können, statt auf das, was Sie nicht in der Hand haben.

Als die erhoffte Beförderung ausblieb, geriet Dean in eine Negativspirale. »Ich war ziemlich fertig«, sagt er. »Kein schöner Zustand. Ich saß nur die ganze Zeit herum und konnte mich auf nichts konzentrieren.«

Die berufliche Enttäuschung führte aber auch dazu, dass Dean seine Gesundheit vernachlässigte. »Ich sagte mir: ›Das Leben ist kurz. Vielleicht sollte ich mich lieber ein bisschen amüsieren. Warum ständig auf mein

Gewicht achten und gesund leben, wenn ich ja ohnehin keinen Schimmer habe, wie es weitergeht?‹«

Die Ernährungswissenschaftlerin Ann Norris weiß aus Erfahrung, dass Leute mit schwerwiegenden Problemen bisweilen ihre gesunden Lebensgewohnheiten aufgeben. »Bei manchen Erwerbslosen oder bei Leuten, die an ihrem Arbeitsplatz Schwierigkeiten haben, nimmt der Konsum extrem fetthaltiger Fertiggerichte um bis zu 80 Prozent zu«, erzählt sie.

»Wenn Menschen einen Schicksalsschlag erleiden, denken manche, dass es unter den gegebenen Umständen ohnehin egal ist, ob sie ein paar Kilo mehr oder weniger auf die Waage bringen oder ob sie gesund leben. Dabei ist eine gesunde Lebensweise gerade in Krisenzeiten besonders wichtig, da sie es den Leuten gestattet, sich Ziele zu setzen, die sie aus eigener Kraft erreichen können.«

Dann erklärt Ann: »Sportliche Aktivitäten sind gut gegen körperliche und seelische Stresssymptome, da sie die Wirkung der chemischen Substanzen abschwächt, die in Zeiten des Kummers und der Sorge – aus Gründen des Selbstschutzes – vom Körper ausgeschüttet werden.« Sie rät dringend davon ab, sich in solchen Phasen gehen zu lassen. »Das verstärkt nur das Gefühl des Kontrollverlusts. Wenn Sie sich hingegen selbst Grenzen setzen, beweisen Sie, dass Sie Herr im eigenen Haus sind – und das kommt wiederum Ihrem Selbstwertgefühl zugute.«

Teilnehmer einer Studie, die intensivem Lärm ausgesetzt und dann darauf hingewiesen wurden, dass der Lärm aufhören würde, falls es ihnen gelingen sollte, eine bestimmte Testaufgabe zu lösen, zeigten weniger Stresssymptome als solche, denen man erzählt hatte, dass der Lärm ganz unabhängig von ihrem Verhalten weitergehen würde. Die Forscher von der Pennsylvania State University schlossen daraus, dass die erste Gruppe durch den Eindruck beruhigt wurde, die Situation aus eigener Kraft verändern zu können, obwohl in Wahrheit keine der beiden Gruppen auf das Geschehen irgendeinen Einfluss hatte.

54.
Gönnen Sie sich eine Orange

Vitamin C, das in vielen Früchten wie zum Beispiel Orangen enthalten ist, verhindert eine Verstopfung der Arterien und senkt den Blutdruck. Regelmäßiger Vitamin-C-Konsum kann nachweislich das Risiko eines Herzinfarkts, Schlaganfalls und anderer lebensverkürzender Erkrankungen reduzieren.

John war auf einer Zitrusplantage im Südwesten von Texas aufgewachsen. Er erinnert sich nur zu gut an die schönsten und die schlimmsten Seiten dieses Lebens: Rekordernten ebenso wie schreckliche Dürrezeiten.

Die Plantage befand sich bereits seit Generationen in Familienbesitz, doch als John sich für einen Beruf entscheiden musste, beschloss er, der Plantage den Rücken zu kehren und Lehrer zu werden. In der Schule brachte er in den verschiedenen Fächern – sei es Mathematik oder Biologie – immer wieder Beispiele aus dem Leben auf der Plantage, um bestimmte Zusammenhänge zu verdeutlichen. »Man konnte viele Sachverhalte auf diese Weise einfach besser vermitteln«, sagt John. Außerdem hielt er seine Schüler immer wieder dazu an, regelmäßig Orangen zu essen, weil er von der gesundheitsfördernden Wirkung der Früchte absolut überzeugt war.

Während sein Vater weiterhin die Plantage führte, half John aus, wann immer er konnte. Und dann passierte das Schlimmste, was einem Orangenanbauer passieren kann – Frost. Bei einem im Südwesten von Texas überaus seltenen Kälteeinbruch erfroren sämtliche Bäume. Johns Vater war mit den Nerven am Ende und beschloss, den Obstanbau an den Nagel zu hängen.

Obwohl die Zukunft des väterlichen Betriebes John erhebliche Sorgen bereitete, wollte er seinen Beruf als Lehrer keinesfalls aufgeben. Deshalb beschloss er, beide Berufe parallel auszuüben, und übernahm die Leitung der Plantage. »Ich habe zwei Jobs, die mir Spaß machen. Beide Tätigkeiten kommen anderen Menschen zugute und befriedigen ganz grundlegende Bedürfnisse.«

Ärzte von der Universität Cambridge haben herausgefunden, dass der tägliche Konsum von bereits rund 100 Gramm vitaminhaltiger Früchte das Risiko eines vorzeitigen Todes um 30 Prozent reduziert.

55.
So bauen Sie Schritt für Schritt Ihre Kraftreserven wieder auf

Falls Sie leicht ermüden, sollten Sie daran denken, dass es eine Weile dauern kann, bis Sie einen Vitalitätsschub verspüren. Ganz gleich, ob die Müdigkeit durch eine Krankheit oder schlicht durch Überbeanspruchung verursacht ist, es gibt ein paar praktische Strategien, wie Sie wieder zu Kräften kommen können. Im Handumdrehen lässt sich das allerdings nicht bewerkstelligen. Vielmehr braucht es eine Weile, bis Ihr Körper die nötigen Kraftreserven aufgebaut hat.

»Abgeschlagenheit ist für einen Arzt eine echte Herausforderung. Im Übrigen ist es schwierig, für diesen Zustand eine allgemein gültige Definition zu finden, da jeder diese Symptomatik anders empfindet«, sagt Dr. John Francis. »Abgeschlagenheit ist aber auch deshalb so heikel, weil sie mit so vielen unterschiedlichen Krankheitsbildern einhergehen kann. Sie kann überdies durch Angst- oder depressive Zustände ausgelöst sein, durch zu wenig oder zu viel Schlaf, zu wenig oder zu viel sportliche Aktivität oder aber durch Stress.«

Laut Dr. Francis muss der Arzt gewissermaßen Detektivarbeit leisten und dem Patienten möglichst viele Informationen über dessen Symptome und deren Ursachen entlocken, dann etwaige Spuren verfolgen und die verschiedenen Möglichkeiten auskundschaften.

Dr. Francis hat ein Verfahren entwickelt, das es seinen Patienten erlaubt, ihre Kraftreserven in drei Schritten neu aufzubauen. »Zuerst müssen Sie sich körperlich fit machen, aber ohne sich dabei zu überfordern. Lassen Sie es zunächst ruhig angehen, damit Ihr Erschöpfungszustand sich nicht noch verstärkt. Dann steigern Sie Ihre Aktivität allmählich auf 20 bis 30 Minuten am Tag. Wichtig ist auch, dass Sie Ihre Arbeit und Ihre sonstigen Alltagspflichten in einem realistischen und gleichmäßigen Tempo erledigen. Mit anderen Worten: Setzen Sie Prioritäten und teilen Sie sich Ihre Zeit und Energie klug ein. Sorgen Sie für einen gesunden Schlaf: Ritualisieren Sie das Zu-Bett-Gehen. Nehmen Sie keine Arbeit mit ins Bett. Konsumieren Sie nicht zu viel Koffein in Form von Kaffee, Tee, Cola und Schokolade. Außerdem sollten Sie darauf achten, dass Sie möglichst immer zur gleichen Zeit ins Bett gehen und wieder aufstehen. So können Sie Ihre Kraftreserven Schritt für Schritt aufbauen.«

Forscher der Universität Minnesota untersuchten Patienten, die überdurchschnittlich häufig unter Erschöpfung litten. Dabei kam heraus, dass sich eine rasche Verbesserung des Allgemeinzustands nur selten einstellte, während eine allmähliche Veränderung der Lebensweise in neun von zehn Fällen die Vitalität deutlich zu stärken vermochte.

56.

Angenehme Düfte fördern Ihre Gesundheit

Unsere Sinne teilen unserem Gehirn mit, ob wir Grund zur Beunruhigung haben oder uns entspannen können. Wir können unseren Organismus selbst in ausgesprochen schwierigen Lebenslagen beruhigen, indem wir ihm über unsere Sinne besänftigende Botschaften zukommen lassen. Wenn Sie sich krank oder gestresst fühlen, sollten Sie daher in Ihrer Umgebung für wohlriechende Düfte sorgen, damit Ihr Organismus sich entspannen kann.

David arbeitet als Magnetresonanztomogramm-(MRT)-Techniker und muss an diesem Tag eine schwierige Untersuchung am Magnetresonanztomographen durchführen. Deshalb bringt er seine bewährten Geheimwaffen zum Einsatz.

Er stellt eine schwarze Kiste mit einer stattlichen CD-Sammlung auf den Tisch: Beethoven, James Taylor, Yanni, Frank Sinatra, Eurythmics, Alanis Morissette. Während der Patient es sich auf dem Untersuchungstisch bequem macht und sich die Kopfhörer aufsetzt, kann er einen Musikwunsch äußern, und David schiebt die entsprechende CD in das Gerät. Dann legt David dem Patienten noch ein aromatherapeutisches Duftkissen auf die Augen, das mit ein paar Tropfen Gurken- oder Lavendelessenz beträufelt ist.

Der friedlich gestimmte Patient überlässt sich nun bereitwillig der Untersuchungsprozedur.

Mag sein, dass die Musik die lauten Geräusche des Kernspintomographen nicht ganz zu übertönen vermag; trotzdem kann sie zusammen mit der erwähnten aromatherapeutischen Komponente dazu beitragen, die bei einer solchen Untersuchung gelegentlich auftretenden klaustrophobischen Stress- und Angstzustände zu vermindern.

Immer mehr Kliniken gehen deshalb dazu über, während schwieriger diagnostischer Untersuchungsprozeduren und vor Operationen solche und ähnliche Verfahren einzusetzen. Auch in der Radiologischen Abteilung, in der David arbeitet, haben sich diese Methoden inzwischen durchgesetzt. Die Zahl der Patienten, die bei einer MRT-Untersuchung in Panik geraten, hat mit der Einführung von beruhigender Musik vor einigen Jahren deutlich abgenommen. Seit man in der Abteilung außerdem noch aromatherapeutische Elemente in die Prozedur eingebaut hat, ist diese Zahl nochmals gesunken.

Ärzte der Universität Oxford haben herausgefunden, dass gebärende Frauen sich entspannter fühlen und den Eindruck gewinnen, ihre Schmerzen besser kontrollieren zu können, wenn sie bei der Entbindung mit angenehmen Düften »benebelt« werden. 80 Prozent der Frauen gaben an, dass sie die schmerzlichsten Augenblicke der Wehen dank der Aromatherapie leichter hätten ertragen können.

57 ·
Pflegen Sie Ihre Freundschaften

Wenn wir daran denken, etwas für unsere Gesundheit zu tun, fallen uns vor allem Dinge ein wie sportliche Betätigung, gesunde Ernährung, ausreichend Schlaf. Ein häufig übersehener Aspekt unseres Allgemeinbefindens ist jedoch die Qualität unserer Beziehungen zu Freunden und Angehörigen. Menschen, die gute, starke Beziehungen unterhalten, sind gesünder, weil sie sich meist weniger gestresst fühlen und besser mit belastenden Situationen umgehen können. Harmonische Beziehungen zu Ihren Angehörigen und Freunden sind deshalb für Ihre Gesundheit genauso wichtig wie eine ausgewogene Ernährung und sportliche Aktivitäten.

Leila ist Krankenschwester. Sie erkennt sofort die Warnsignale, die auf eine drohende Krankheit hindeuten. Ja, sie verbringt sogar einen Teil ihrer Arbeitszeit damit, andere Menschen darüber aufzuklären, wie man bei Angehörigen, Freunden oder Nachbarn die ersten Anzeichen einer Gesundheitsstörung erkennen kann.

»Viele Leute meinen, dass es ausreicht, wenn man genug zu essen und ein Dach über dem Kopf hat. Außerdem bilden wir uns ein, dass wir gleich spüren, wenn mit jemandem etwas nicht stimmt. Aber Einsamkeit sieht man den Leuten nicht auf den ersten Blick an. Wenn wir einen solchen Menschen nur kurz besuchen, wird er seinen wahren Zustand wahrscheinlich vor uns geheim halten. Das ganze Elend dieser Leute wird erst offenkundig, wenn sie sich unbeobachtet fühlen.«

Leila kennt die Symptome der Einsamkeit in allen Altersgruppen – angefangen von älteren Menschen, die ihre Freunde überlebt haben, bis hin zu jungen Leuten, die sich im Stich gelassen oder missverstanden fühlen.

Leila weist darauf hin, dass Einsamkeit erhebliche Folgen hat, und zwar nicht nur für unser Allgemeinbefinden, sondern auch für die Art und Weise, wie wir mit uns selbst umgehen. »Ein einsamer Mensch lässt eher mal eine Mahlzeit aus oder achtet nicht so sehr auf eine gesunde und ausgewogene Ernährung. Einsame Menschen verzichten im Krankheitsfall auch eher auf eine angemessene medizinische Betreuung oder nehmen es mit der Einnahme wichtiger Medikamente nicht so genau. Außerdem sind einsame Menschen oft bereit, sich mit einem bescheideneren Lebensstandard abzufinden.« Das hat die junge Krankenschwester immer wieder beobachten können.

Dann fährt sie fort: »Ob Sie es nun in Ihrem Leben mit einem einsamen Menschen zu tun haben oder sich selbst vereinsamt fühlen – am besten ist immer, andere mit aufrichtiger Anteilnahme zu behandeln. Wenn die Leute über das Gefühl hinwegkommen, dass sie überflüssig sind oder dass niemand sich für sie interessiert, fangen sie plötzlich wieder an, sich auch mehr um sich selbst zu kümmern. Einsamkeit ist ein negatives Lebensgefühl, aber diesen Zustand kann man durchaus wieder zum Positiven verändern.«

Ärzte von der Universität Chicago haben festgestellt, dass ansonsten gesunde Menschen, die unter Einsamkeit leiden, häufiger von Bluthochdruck und einer verminderten Herzkapazität betroffen sind.

58.
Passivrauchen schädigt das Gehirn

Im Allgemeinen gehen wir davon aus, dass Rauchen und verschmutzte Luft primär unsere Lungenfunktion beeinträchtigen. Das ist aber nur ein Teil der Wahrheit, denn beides schädigt zusätzlich unsere Gefäße und damit unsere Herz- und Gehirnfunktion. Passivrauchen reduziert nicht nur die Blutzirkulation, sondern auch unsere Fähigkeit, klar zu denken.

Eve hatte schon immer einen Widerwillen gegen Zigarettenrauch. Als die junge Frau aus Tampa, Florida, dann ein Kind bekam, nahm ihr Interesse am Thema Passivrauchen sogar noch zu. »Man hört und liest zwar immer wieder etwas über das Passivrauchen, aber die Leute wissen trotzdem nicht wirklich, was es damit auf sich hat.«

Als Eve sich genauer informierte, war sie schockiert. »Wir haben es hier mit einem Risikofaktor zu tun, der alle möglichen Krankheiten verursachen und unsere Körperfunktionen beeinträchtigen kann – von der

Lunge über das Herz bis hin zu den Zähnen. Und wir sind dieser Gefährdung ständig ausgeliefert – am Arbeitsplatz genauso wie im Restaurant.«

Eve wusste zwar, dass sie ihre eigene Familie vor dem Passivrauchen weitgehend schützen konnte, irgendwann fing sie jedoch an, sich häufiger Gedanken darüber zu machen, dass viele Menschen, vor allem Kinder, diesem Risiko völlig unnötig ausgesetzt sind.

Eine Reihe von wissenschaftlichen Studien, die belegten, dass die Lernfähigkeit von Kindern durch Passivrauchen beeinträchtigt wird, waren schließlich der Auslöser für sie, mit Gleichgesinnten eine Initiative zu gründen, um aktiv gegen den »Blauen Dunst« vorzugehen. Andere Aktivisten aus Florida unterstützten sie in ihrem Kampf. Ja, man beschloss sogar, per Bürgerentscheid ein Rauchverbot am Arbeitsplatz und in Restaurants zu erzwingen.

Unter dem Titel »Passivrauchen – Denken Sie darüber nach« wies die Bürgerinitiative in einer Broschüre darauf hin, dass »Passivrauchen die Gehirnfunktion beeinträchtigen kann«.

Als die Frage schließlich zur Abstimmung kam, sprach sich eine überwältigende Mehrheit der Wähler für ein entsprechendes Verbot aus. »Es ist höchste Zeit, dass wir uns selbst, unsere Kinder und die Bevölkerung insgesamt endlich besser schützen«, sagt Eve.

Im Kinderkrankenhaus Cincinnati hat man herausgefunden, dass 85 Prozent der Kinder nachweislich zum Passivrauchen verurteilt sind. Diese Kinder schnitten bei standardisierten Lese-, Logik- und Mathematiktests messbar schlechter ab als solche, die keinem sekundären Tabakrauch ausgesetzt waren.

59.
Machen Sie sich nicht zum Packesel

Gerade Rucksacktouristen beladen sich oftmals mit schwerem Gepäck und stapfen unverdrossen durch die Gegend, ohne sich viele Gedanken darüber zu machen, was eine solche Last für ihren Körper bedeutet. Doch wir sind nun einmal nicht dafür geschaffen, riesige Mengen Gepäck zu schleppen, vor allem nicht wenn das ganze Gewicht an unseren Schultern hängt.

»Unsere Schultern sind heutzutage höheren Belastungen ausgesetzt als je zuvor. Schwere Reisetaschen und Koffer, Laptops, Rucksäcke, Sporttaschen und Musikinstrumente – sie alle stellen für unsere Schultern eine erhebliche Beanspruchung dar, die zu Muskelverspannungen und Schmerzen im unteren Rücken führen kann«, erklärt Dr. Vernon Tolo, der Vorsitzende der American Academy of Orthopaedic Surgeons.

Die Amerikanische Akademie für Orthopädie hat festgestellt, dass vier von fünf Erwachsenen über Schmerzen im unteren Rücken klagen und dass solche Schmerzen bei Menschen unter 45 Jahren die meisten Krankentage verursachen.

»Schulterschmerzen und -verspannungen lassen sich am besten vorbeugend behandeln«, sagt Dr. Tolo. »Die Kräftigung des Schultergürtels und tägliche Dehnübungen sind dazu ebenso wichtig wie die richtige Auswahl und Verwendung schulterfreundlicher Transportmittel. Ein guter Rucksack sorgt für eine möglichst gleichmäßige Verteilung des Gewichts und verringert so die Belastung.« Dr. Tolo empfiehlt deshalb, schweres Gepäck tunlichst auf Rollen zu transportieren oder wenigstens Taschen und Rucksäcke aus leichten Materialien zu verwenden. »Aber wenn Sie schon nicht umhin kommen, sich ein Gepäckstück um die Schulter(n) zu hängen, dann achten Sie wenigstens auf eine aufrechte Haltung und sorgen Sie dafür, dass das Gepäckstück Sie nicht einseitig belastet.«

Die Amerikanische Akademie für Orthopädie empfiehlt, die Schultern und den Rücken mit maximal 15 Prozent des eigenen Körpergewichts zu belasten.

60.

Halten Sie bei Renovierungsarbeiten stets genügend Teebeutel bereit

Wenn Sie bei Renovierungsarbeiten Farbe und Klebstoffe verwenden, werden in Ihrem Heim chemische Substanzen freigesetzt, die der Gesundheit nicht gerade zuträglich sind. Trockene Teebeutel können solche Substanzen aus der Luft absorbieren und so dazu beitragen, dass sich die Qualität der Luft bei Ihnen zu Hause schneller wieder verbessert.

Serena war hin und weg von dem alten Haus im Zentrum von Philadelphia. Natürlich war zuerst noch etliches zu renovieren, doch Serena konnte nicht widerstehen. Nachdem sie das Haus gekauft hatte, nahm sie sich ein Zimmer nach dem anderen vor – legte Elektroleitungen unter Putz, spachtelte und strich die Wände, besserte die Stuckdecken aus, brachte die Holzböden wieder in Ordnung und anderes mehr.

»Ich fand das Haus ja gerade deshalb so toll, weil dort alles so altmodisch war«, erzählt Serena, »trotzdem haben Wände ohne Löcher natürlich einiges für sich, und eine Wand, die seit 50 Jahren nicht mehr geweißelt worden ist, kann durchaus mal wieder einen frischen Anstrich gebrauchen.«

Die diversen Gerüche und ätzenden Dämpfe, die Serena durch ihre Bemühungen freisetzte, fand sie allerdings weniger angenehm. »Manchmal hatte ich das Gefühl, dass ich in einer Fabrik oder einer Raffinerie lebe. Und da ich die Zimmer der Reihe nach renoviert habe, war das ganze Haus ständig von einem beißenden Gestank erfüllt.«

Obwohl sie so oft wie möglich durchlüftete, war es dazu im Winter manchmal einfach zu kalt. »Ich stand damals vor der Alternative: entweder Fenster öffnen und frieren oder das Haus heizen und fast ersticken.«

Dann las Serena etwas über die luftreinigende Wirkung trockener Teebeutel. »Teebeutel sind porös und saugen alles auf, was in ihrer Umgebung umherschwirrt. Inzwischen bin ich dazu übergegangen, in dem Zimmer, das ich jeweils gerade renoviere, Teebeutel auszulegen. Die Teebeutel absorbieren nämlich wirklich einen Großteil des unangenehmen Geruchs. Sie sorgen dafür, dass ein frisch renovierter Raum etwa doppelt so schnell wieder frei von Farb- und Lackausdünstungen ist wie unter normalen Umständen.«

Das Einzige, was Serena in Kauf nehmen muss, sind die befremdenden Blicke, die sie im Supermarkt auf sich zieht, wenn sie wieder mal 20 Schachteln Tee auf einmal auf das Laufband an der Kasse legt.

Forscher von der Verbraucherzentrale in Tokio haben herausgefunden, dass sich die Giftstoffe in der Luft eines frisch renovierten Raumes um bis zu 90 Prozent reduzieren lassen, wenn man in dem betreffenden Zimmer reichlich Teebeutel auslegt.

61.

Kurzzeitiger Stress ist gut für die Gesundheit

Unser Körper ist auf zeitlich begrenzte Stressbelastungen bestens vorbereitet. Wenn wir unter Anspannung stehen, kommt es zu einer vermehrten Adrenalinausschüttung und unser Immunsystem wird gestärkt. Ein kurzzeitiger Stresszustand, etwa wenn wir eine Rede halten müssen, hat einen absehbaren Endpunkt, sodass unser Körper die vermehrte Adrenalinausschüttung schon bald wieder einstellen und in seinen Normalzustand zurückkehren kann. Wenn eine Stressbelastung jedoch zu lange anhält, beispielsweise infolge permanenter beruflicher Überforderung, und zudem kein absehbares Ende hat, schwächt die ständige Alarmbereitschaft unseres Körpers unser Immunsystem und damit unsere Abwehrkräfte.

Für einen professionellen Footballspieler besteht die reguläre Saison ohne Playoffs nur aus 16 Spielen. Obwohl ein Spiel ungefähr drei Stunden dauert, ist der einzelne Spieler im Laufe einer Begegnung insgesamt nicht länger als sechs Minuten direkt am Geschehen auf dem Rasen beteiligt.

Das heißt, dass in einer Saison gut neunzig Minuten – dazu noch über einen Zeitraum von vier Monaten verteilt – über den Erfolg eines Spitzenspielers entscheiden. Bisweilen reichen deswegen für einen solchen Spieler in seiner gesamten Karriere schon bescheidene zehn Stunden direkte Spielbeteiligung aus, um Einzug in die »Ruhmeshalle« dieser Sportart zu halten.

Natürlich muss sich der einzelne Spieler in zahllosen Trainingsstunden auf jedes dieser Spiele vorbereiten, doch seine sportliche Bedeutung wird einzig an seiner Leistung in den 16 Spielen der jeweiligen Saison gemessen. Wie schaffen es diese Sportler bloß, mit der unglaublichen Belastung fertig zu werden, innerhalb so kurzer Zeit eine Spitzenleistung bringen zu müssen?

»Das ist nun mal die positive Wirkung, die Stress auch haben kann«, sagt der Psychologe Gary Foley. »Wir alle sind kurzzeitig zu Leistungsexplosionen fähig, die wir uns nie zugetraut hätten.«

Dann fügt Gary noch hinzu: »Entscheidend ist jedoch, dass solche immensen Herausforderungen nur kurz anhalten. Wenn Sie von einem Footballspieler, der am Sonntag ein Spiel gewonnen hat, verlangen, bereits am Montag wieder dieselbe Leistung zu bringen, dürfte der gute Mann natürlich überfordert sein. Wenn Sie von ihm verlangen, sieben Tage die Woche eine solche Leistung zu bringen, würde er noch vor Ablauf der ersten Woche zusammenbrechen.«

Gary weiter: »Zeitlich kurz bemessene Höchstleistungen verursachen gesunden Stress. Sie zwingen uns dazu, uns voll zu konzentrieren und unser Bestes zu geben. Sie sind nicht nur produktiv, sondern auch gesund, denn sie zwingen den Körper durch alle Gangarten. Sie bringen den Kreislauf auf Trab und stärken das Immunsystem. Und sie sind nur dann nicht schädlich, wenn sie zeitlich strikt begrenzt sind.«

Forscher der Universität Michigan haben festgestellt, dass kurzzeitige Stressbelastungen die Abwehrkräfte des Körpers stärken. Fortgesetzter Stress hingegen kann die Abwehrkräfte des Immunsystems um bis zu 60 Prozent reduzieren.

62.

Verwenden Sie zur Insektenabwehr DEET-haltige Produkte

Zahlreiche Produkte werben damit, einen erstklassigen Schutz gegen Insekten zu bieten. Mittel, in denen DEET – oder Diäthyltolnamid – enthalten ist, sind jedoch nachweislich imstande, Insekten bereits nach nur einer Anwendung für längere Zeit abzuwehren. Ursprünglich wurde der Wirkstoff von Wissenschaftlern des US-Agrarministeriums (USDA) entwickelt, um Soldaten besser vor Insektenstichen zu schützen.

Everett Martin ist Entomologe – er studiert das Leben der Insekten. »Das ist immer ein gutes Thema, um ein Gespräch zu eröffnen. Wenn ich den Leuten erzähle, was ich mache, hat jeder sofort eine Frage. Schließlich gibt es überall Insekten, obwohl wir sie normalerweise kaum zur Kenntnis nehmen.«

Eine Frage taucht unweigerlich immer auf, nämlich wie sich Insektenstiche verhindern lassen. Tatsächlich sind solche Stiche mitunter mehr als ein Ärgernis, räumt Everett ein. So können zum Beispiel Mücken zahllose – für den Menschen oft verheerende – Krankheiten übertragen. Deshalb hat Everett sich gleichermaßen mit dem menschlichen und dem Verhalten der Insekten beschäftigt und dabei eine Erfolg versprechende Strategie entwickelt.

Wer Insektenstiche vermeiden will, sollte ein helles langärmeliges Hemd und eine ebenfalls helle lange Hose tragen, sich während der Spitzenzeiten der Insektenaktivität, also in der Abend- und der Morgendämmerung nicht im Freien aufhalten und das richtige Insektenschutzmittel verwenden.

»Die besten Insektenmittel vertreiben oder töten die Insekten nicht etwa, sondern verwirren sie. So beeinträchtigt DEET etwa die Fähigkeit der Mücken und anderer stechender Insekten, das Kohlendioxid zu registrieren, das ihre Aufmerksamkeit auf Menschen oder andere Säugetiere lenkt«, erklärt Everett.

»Die Insekten verschwinden zwar nicht einfach – das lässt sich ohnehin nicht erreichen –, sie verlieren aber vorübergehend das Interesse, wenn sie kein geeignetes Opfer finden können.«

Tests am Entomologischen Institut der Universität Florida haben ergeben, dass sich Mückenstiche am verlässlichsten mit DEET-haltigen Produkten verhindern lassen.

63.

Schreiben Sie sich Ihren Kummer von der Seele

Eine Krankheit kann eine unerträgliche Bürde sein. Um mit einer solchen Belastung irgendwie fertig zu werden, ohne innerlich vollends zusammenzubrechen, sollten Sie Ihre Gedanken in einer Art Tagebuch festhalten. Wenn wir uns unsere Sorgen und Nöte von der Seele schreiben, verschaffen wir uns Erleichterung und können sogar unser Allgemeinbefinden verbessern.

Kirk zeigt anderen Menschen, wie sie ihre Gedanken und Gefühle, ihre täglichen Erlebnisse oder was sie sonst noch auf dem Herzen haben, zu Papier bringen können. Doch Kirk arbeitet nicht etwa in einer Schule oder an einer Universität, sondern an einem Krankenhaus.

»Wenn sich ein Patient in schriftlicher Form mit seiner Krankheit oder seinen traumatischen Erfahrungen auseinander setzt, kann er sein Schicksal besser verarbeiten und leichter akzeptieren. Außerdem hilft diese Methode dabei, Stress abzubauen und wieder besser zu schlafen. Wenn wir das Muster unserer physiologischen Stressreaktionen verändern, dann kommt das unserer Gesundheit zugute.«

Kirk weiter: »Wir alle brauchen einen Ort, wo wir offen und ehrlich mit uns sein können. Das Schreiben kann uns dabei helfen, angesichts eines Problems, das uns Angst macht, in uns selbst Antworten zu finden, statt uns immer nur von anderen sagen zu lassen, wie es um uns steht. Hinzu kommt, dass sich diese Erfahrung nur positiv auf unser Selbstwertgefühl auswirkt.«

Egal, wie Sie Ihr Tagebuch nennen, die Regeln sind stets dieselben: Das heißt, es gibt keine. »Wir alle haben Angst davor, Fehler zu machen«, sagt er. »Spielt alles keine Rolle: weder die Grammatik noch die Rechtschreibung oder die Zeichensetzung. Bemühen Sie sich gar nicht erst um ein großartiges Konzept oder stilistische Finesse. Dieses Buch ist ausschließlich für Sie selbst bestimmt.«

Wenn Sie ein solches Tagebuch beginnen, empfiehlt es sich laut Kirk in der Anfangsphase, einen Wecker zu stellen und dann wenigstens acht Minuten einfach alles aufzuschreiben, was Ihnen gerade in den Sinn kommt. Auch wenn das Wort »Tage«-Buch etwas anderes zu besagen scheint, Sie sind keineswegs verpflichtet, jeden Tag daran zu arbeiten. »Ein Tagebuch ist genau der Freund, den Sie sich wünschen: Mal telefoniert man jeden Tag, mal lässt man sich ein paar Tage gegenseitig in Ruhe.«

Wissenschaftler der North Dakota State University haben im Rahmen einer Studie Menschen, die unter chronischen Erkrankungen wie Asthma und Arthritis leiden, gebeten, eine Stunde in der Woche etwas über ihr Leben niederzuschreiben. Bereits wenige Monate später konnten 47 Prozent der betreffenden Patienten eine deutliche Besserung der Symptome vermelden.

64.
Schlafen Sie gut

Im Schlaf tankt unser Organismus Energie, auf die wir nicht verzichten können. Was für die Versorgung mit Flüssigkeit gilt, gilt auch für den Schlaf: Wir können nicht einfach einen Tag auf ihn verzichten, um das entsprechende Defizit am nächsten Tag wieder hereinzuholen. Unser Körper braucht regelmäßige Ruhephasen und funktioniert am besten, wenn er alle 24 Stunden eine ganze Nacht durchschlafen kann.

Hohe Militärs haben neuerdings erkannt, wie gefährlich es für Soldaten sein kann, wenn sie nicht ausreichend Schlaf bekommen. In den Augen von Lieutenant Colonel Jim Chartier, der das Erste Marine-Panzerbataillon kommandiert, ist Schlafentzug sogar »unser größter Feind. Bei Schlafmangel wird aus einer leichten unversehens eine schwere Aufgabe.«

»Schlaf ist ein elementares Bedürfnis«, sagt der Schlafforscher John Caldwell von der US-Air Force.

»Schlaf ist durch nichts zu ersetzen«, unterstreicht auch Colonel

Gregory Belenky, der Chefwissenschaftler der US Army. Bildgebende Verfahren zeigen, dass nach einer Nacht ohne Schlaf die Stoffwechselrate im Stirnlappen des Kortex, also in der für unsere höheren Denk- und Urteilsfunktionen zuständigen Hirnregion, um 12 bis 14 Prozent vermindert ist. Für einen Soldaten oder Piloten bedeutet das, dass exakt der Teil des Gehirns, der zwischen Freund und Feind unterscheidet, Ziele auswählt und auf dem Schlachtfeld die Orientierung ermöglicht, durch Schlafentzug in seiner Funktion deutlich beeinträchtigt wird. Schlafforscher gehen davon aus, dass durch so genanntes »Friendly Fire« verursachte Opfer in den eigenen Reihen, fehlgeleitete Fahrzeugkolonnen oder Unfälle während einer militärischen Operation häufig auf Übermüdung zurückzuführen sind.

»Das Ganze hat eine positive und eine negative Seite«, sagt Colonel Belenky. »Soldaten, die unter einem massiven Schlafdefizit leiden, können überall schlafen. Schließlich ist es immer noch besser, wenigstens 45 Minuten in einem Dreckloch zu schlafen, als völlig erschöpft und übermüdet durch die Gegend zu taumeln. Die Leute wissen genau, dass sie jede Gelegenheit nutzen müssen, um wenigstens etwas Schlaf zu bekommen.«

Die Kehrseite: »Wenn Soldaten unter Schlafmangel leiden, können sie bei chemischen Angriffen oder im Wachdienst oder beim Umgang mit gefährlichem Gerät leicht einschlafen – und im Krieg ist jedes technische Gerät eine potenzielle Gefahrenquelle«, so der Colonel.

Belenkys Forschungen haben ergeben, dass bereits eine einzige Nacht ohne Schlaf das Reaktions- und Konzentrationsvermögen, aber auch die

Gedächtnisleistung des Betreffenden deutlich vermindert. »Wer nicht genügend Schlaf bekommt, neigt zu impulsiven und gereizten Reaktionen und kann komplexe Problemstellungen nur noch völlig mechanisch bewältigen«, sagt er. Noch beunruhigender ist allerdings: »Die Leute merken unter diesen Bedingungen überhaupt nicht mehr, dass ihre Leistungsfähigkeit stark beeinträchtigt ist.«

Nach Auskunft einer Studie der National Sleep Foundation sind 40 Prozent aller Erwachsenen tagsüber so schläfrig, dass sie in ihrer Leistungsfähigkeit deutlich beeinträchtigt sind. Hinzu kommt, dass die Zahl der Antikörper und Immunzellen bei Schlafentzug um 10 bis 35 Prozent sinkt. Schlaf ist für die Reparatur der Immunzellen unverzichtbar. Wir sollten deshalb möglichst jede Nacht acht Stunden schlafen – wenn wir krank sind sogar noch länger.

65.

Ihre Zähne sind nicht nur zum Kauen da

Wir stellen uns meist vor, dass unsere Zähne einer vom übrigen Körper mehr oder weniger unabhängigen medizinischen Sphäre angehören. Schließlich suchen wir den Zahnarzt auf, wenn wir Zahnschmerzen haben, und den Allgemeinmediziner bei sonstigen Beschwerden. Dennoch können Erkrankungen des Zahnfleischs auch andere Körperfunktionen in Mitleidenschaft ziehen. Ja, unsere Zähne und unser Zahnfleisch sind gewissermaßen ein Einfalltor zu den Herzkranzgefäßen. Wer Wert darauf legt, seinen Körper pfleglich zu behandeln, muss deshalb auch die Zähne und das Zahnfleisch sorgfältig pflegen. Putzen Sie also mindestens morgens und abends Ihre Zähne und verwenden Sie Zahnseide; lassen Sie regelmäßig Beläge und Zahnstein durch eine Fachkraft entfernen und gehen Sie alle sechs Monate zur Inspektion zum Zahnarzt. Ein gesundes und gepflegtes Gebiss kommt auch Ihrem Allgemeinbefinden zugute.

Ein guter Zahnmediziner begnügt sich jedoch nicht nur mit der üblichen Routine: Bohren, Zähne ziehen, Wurzelbehandlung, sondern kann vom Zustand des Mund-Rachen-Raumes auch auf das Allgemeinbefinden eines Patienten schließen. Er weiß außerdem, dass die Mundflora Aufschluss über den Zustand wichtiger Körperfunktionen gibt.

Die Forschung kann inzwischen ziemlich genau sagen, was etwaige Schwankungen innerhalb der riesigen Bakterien-, Virus-, Hefezellen- und sonstiger Erregerpopulationen im Mund-Rachen-Raum zu bedeuten haben. »Diese Keime siedeln sich nicht zufällig in Ihrem Mund an«, sagt Sigmund Socranksy, Professor für Periodontologie an der Harvard-Universität. »Vielmehr verbreiten sie sich nach einem Muster, das wiederum von dem Vorkommen anderer Keime und den sonstigen Bedingungen im Mund-Rachen-Raum mitbestimmt wird.«

Dank intensiver Forschungsbemühungen, sagt er, »verstehen wir allmählich, was dort geschieht. Zurzeit katalogisieren wir noch die verschiedenen Stämme und versuchen sie bestimmten Krankheitsbildern zuzuordnen oder aber ihre positiven Wirkungen zu verstehen. Und daraus ergibt sich dann der nächste Schritt: die Unterdrückung der krank machenden und die Unterstützung der für die Gesundheit positiven Erreger.«

Professor Socransky weist überdies darauf hin, dass gewissen Mikroorganismen, die im Mund-Rachen-Raum vorkommen, eine wichtige Funktion zukommt: Die der Gesundheit förderlichen Bakterien halten die schädlichen Erreger in Schach, sagt er. »Sie sind außerordentlich hilfreich, da es viele Erreger gibt, die etwaige Nischen sofort besetzen und Krankheiten auslösen würden.«

Professor Socransky hat durch seine Forschungen nachgewiesen, dass Schwankungen im Vorkommen bestimmter Mikroorganismen mit einem ganzen Spektrum von Störungen einhergehen können: angefangen von krankhaften Veränderungen des Zahnfleischs über Herzerkrankungen und Gefäßabnormitäten bis hin zum Schlaganfall oder zur Lungenentzündung. »Der Kampf zwischen den verschiedenen Erregerstämmen entscheidet über die Gesundheit unserer Zähne«, sagt er. Es gibt »gute Keime, die schlechte Keime abtöten. Wir würden die bösen gerne durch die guten Erreger ersetzen. Allerdings wissen wir noch nicht genau, wie wir das anstellen können.«

Bei Menschen, die unter periodontalen Erkrankungen leiden, liegt die Wahrscheinlichkeit einer Herzerkrankung um 57 Prozent höher als bei Vergleichspersonen. Das hat eine Studie der Universität Pittsburgh ergeben.

66.

Die meisten Unfälle ereignen sich zu Hause

In unserer häuslichen Umgebung fühlen wir uns sicher und geborgen. Dort verbringen wir auch die meiste Zeit. Da unser Zuhause in unserem Leben einen so zentralen Platz einnimmt, ist dort auch die Unfallgefahr am größten. Eltern mit kleinen Kindern versuchen alles aus dem Weg zu räumen, was dem Nachwuchs gefährlich werden könnte – Dinge, die umstürzen, an denen man sich verbrennen oder anderweitig verletzen könnte. Doch wenn die Kinder ein gewisses Alter erreicht haben, denken wir über solche Gefahren in unserem Heim nicht mehr weiter nach. Schauen Sie sich Ihr Zuhause deshalb einmal gründlich so an, als ob Sie noch ein kleines Kind zu beschützen hätten, und treffen Sie dann die nötigen Vorkehrungen, um häusliche Unfälle von vornherein zu vermeiden.

Als Patty vom Einkaufen wieder nach Hause kam, hörte sie schon an der Tür das Heulen des Rauchmelders. Entsetzt sah sie, dass die elektrische Weihnachtsbeleuchtung, die sie innen vor das Fenster gehängt hatte, auf das Sofa gefallen war und dort einen Schwelbrand verursacht hatte. Sie stürzte ins Haus, um den Feuerlöscher zu holen, doch es war bereits zu spät. Die Vorhänge hatten schon Feuer gefangen, und sie konnte nur noch ins Freie stürzen und die 112 wählen.

»Als ich nach draußen rannte, sah ich, wie die Hitze bereits das Wohnzimmerfenster explodieren ließ«, erzählt sie. »Innerhalb von 15 Minuten richtete das Feuer einen Schaden in Höhe von 250 000 Dollar an. Ich stand da und musste mitansehen, wie das Haus, in dem ich seit 20 Jahren lebte, vor meinen Augen bis auf die Grundmauern niederbrannte.«

Dann fährt Patty fort: »Plötzlich wurde mir bewusst, wie leicht dieses Feuer tödliche Folgen hätte haben können. Ein Feuer mitten in der Nacht hätte die ganze Familie bedroht. Gott sei Dank hatten wir Rauchmelder, sonst wären wir möglicherweise nicht mehr rechtzeitig rausgekommen.« Tatsächlich passieren die meisten durch Feuer verursachten tödlichen Unfälle in Häusern, die nicht mit Rauchmeldern ausgestattet sind.

Während der Reparaturarbeiten an ihrem Haus lebten Patty und ihre Familie ein Jahr lang in einer kleinen Wohnung. Die Familie hat seit jenem Unglückstag einiges in ihrem Heim verändert. In dem wieder hergerichteten Haus gibt es neun Rauchmelder und eine Sprinkleranlage. Außerdem würde Patty nicht im Traum noch einmal auf die Idee kommen, das Wohnzimmerfenster mit einer Weihnachtsbeleuchtung zu schmücken. »Warum sollte ich nochmal ein unnötiges Risiko eingehen?«, sagt sie.

Eine statistische Erhebung der Universität North Carolina hat ergeben, dass sich im Jahr 20 000 häusliche Unfälle mit Todesfolge ereignen und weitere sieben Millionen Amerikaner sich zu Hause verletzen. Zugleich gaben 56 Prozent der in dieser Studie befragten Personen an, nichts unternommen zu haben, um ihr Heim sicherer zu machen.

67.
Aspirin ist in vielen Bereichen von Nutzen

Bevor es durch Mittel wie Ibuprofen und Azetaminophen verdrängt wurde, war Aspirin das am weitesten verbreitete Kopfschmerzmittel überhaupt. Doch der in Aspirin enthaltene Wirkstoff kann auch das Blut verdünnen und somit einer Thrombose vorbeugen und angeblich sogar das Risiko verringern, an einem Herzleiden oder an Alzheimer zu erkranken.

»Genau wie das Penizillin ist auch Aspirin ein echtes Wundermittel. Man sollte jedoch nie vergessen, dass es sich dabei um ein pharmazeutisches Produkt handelt«, sagt Dr. Thomas Cassidy.

»Historisch gesehen ist Aspirin zuerst als Schmerzmittel eingesetzt worden, doch niemand wusste, warum es wirkt. Inzwischen wissen wir, dass der Körper bei Verletzungen – als Prostaglandine bezeichnete – hormonartige Substanzen ausschüttet, die Entzündungen, Hautrötungen und Schwellungen und infolgedessen Schmerzen verursachen. Aspirin blockiert das für die Produktion der Prostaglandine zuständige Enzym. Das Mittel wirkt aber auch fiebersenkend und hat sich bei der Behandlung von Entzündungen bewährt«, erklärt Dr. Cassidy.

»Heute schätzen wir vor allem, dass Aspirin das Risiko von Blutgerinnseln vermindert. Diese Fähigkeit galt anfangs als potenziell gefährliche Nebenwirkung, dabei ist sie eine echte Wohltat. Eine herabgesetzte Gerinnselneigung kann nämlich die Schlaganfallprävention deutlich verbessern.«

Dann fährt er fort: »Erst in jüngster Zeit hat die Forschung entdeckt, dass die regelmäßige Einnahme geringer Aspirindosierungen auch das koronargefäßbedingte Herzinfarktrisiko zu senken vermag. Früher hat man diesen Effekt ausschließlich darauf zurückgeführt, dass das Präparat die Gerinnselbildung erschwert. Heute scheint es so, als ob die entzündungshemmende Wirkung des Mittels ebenfalls zu einer Verminderung des Herzinfarktrisikos beiträgt.«

»Ich rate deshalb jeder Frau über fünfzig und jedem Mann über vierzig, täglich Aspirin einzunehmen, um die zuvor genannten Krankheitsrisiken zu senken.«

Nach Auskunft einer Studie des National Institute on Aging (Nationales Institut für Altersforschung) sank bei älteren Menschen, die länger als zwei Jahre jeden Tag Aspirin eingenommen hatten, das Risiko, an Altersdemenz zu erkranken, um 55 Prozent. Die Mayo-Klinik kam zu dem Ergebnis, dass die tägliche Einnahme von Aspirin das Herzinfarktrisiko um 44 Prozent und das Auftreten bestimmter Krebserkrankungen um 50 Prozent reduziert.

68.

Religion kann Ihnen das Leben erleichtern

Was ist der Unterschied zwischen Menschen, die sich von den Widrigkeiten des Lebens nicht unterkriegen lassen, und solchen, die einfach aufgeben? Vor allem ein unbeirrbarer Glaube und ein Ziel, für das es sich zu kämpfen lohnt. Menschen, die sich durch nichts aufhalten lassen, glauben meist auch, dass ihnen letztlich gelingt, was sie erreichen möchten, und dass ihre Anstrengungen einen Sinn haben. Egal ob sie sich vornehmen, gesundheitsbewusster zu leben, oder ob sie sich nach überstandener Krankheit wieder mit ganzer Kraft dem Leben zuwenden, Menschen mit starken religiösen Überzeugungen profitieren davon, dass sie ihr Leben auf einen festen Glauben und die Gewissheit gründen können, dass alles in ihrem Leben einen höheren Sinn hat.

»Wir alle möchten unser Schicksal gerne im Griff haben. Wenn Sie jedoch ein Krankenhaus aufsuchen, weil Sie am Fuß eine Wunde haben, die einfach nicht heilen will, begreifen Sie sehr schnell, dass dies leider nicht der Fall ist«, sagt Jon, ein Veteran der US-Luftwaffe.

Trotzdem fühlt Jon sich in Situationen, über die er keine Kontrolle hat, nicht völlig hilflos, weil er sich auf seinen Glauben stützen kann. »Wenn man sein Leben auf den Glauben gründet, kehrt plötzlich so etwas wie Friede ein.«

Dr. Harold Koenig pflichtet ihm bei: »Der ebenso verzweifelte wie erfolglose Versuch, eine Krankheit durch Aufbietung des eigenen Willens in den Griff zu bekommen, erzeugt lediglich Angst und Depressionen. Religiöse Überzeugungen hingegen eröffnen eine indirekte Möglichkeit, die eigene Situation wieder unter Kontrolle zu bekommen und den Teufelskreis auf diese Weise zu durchbrechen.«

Die positive Wirkung der Religion auf die Gesundheit rührt laut Dr. Koenig daher, dass religiöse Menschen von dem Sinn ihres Lebens überzeugt sind, sich metaphysisch geborgen und einer Gemeinschaft zugehörig fühlen. Dies alles verleiht ihnen eine gewisse Heiterkeit und das Gefühl, ein rechtschaffenes Leben zu führen. »Ein gläubiger Patient kann sich mit seiner Krankheit in Gottes Hand begeben, statt sich unentwegt nur zu grämen«, sagt Dr. Koenig.

Durch das Gebet eröffnet sich »dem Kranken nicht nur die Möglichkeit, etwas Sinnvolles zu tun und auf diese Weise die Fixierung auf die Krankheit zu überwinden« – wer betet, kann sich auch leichter entspannen, was wiederum den Selbstheilungskräften des Körpers zugute kommt. »Ich glaube, wir entdecken gerade, dass weder die Religion noch die Wissenschaft für sich genommen alle unsere Probleme lösen können«, sagt Dr. Koenig. »Wir müssen den ganzen Menschen sehen: nicht nur den Körper, nicht nur die Psyche, nicht nur die sozialen und religiösen Verhältnisse, in denen jemand lebt. Denn diese Faktoren wirken alle zusammen und beeinflussen sich wechselseitig. Deshalb müssen wir uns um den ganzen Menschen kümmern, wenn wir gute Ergebnisse erzielen möchten.«

Eine Studie der Columbia-Universität hat ergeben, dass bei gläubigen Menschen die Wahrscheinlichkeit von Angst- und depressiven Zuständen um 81 Prozent geringer ist als bei Vergleichspersonen. Auch vertrauen solche Menschen im Krankheitsfall deutlich häufiger darauf, wieder gesund zu werden.

69.
Lärm macht krank

Zu den Grundbedürfnissen des Menschen – ausreichend Nahrung, ein Dach über dem Kopf und soziale und materielle Sicherheit – gehört auch der Schutz vor ohrenbetäubendem Lärm. Ob am Arbeitsplatz oder daheim: Wenn wir längere Zeit einem unangenehmen Lärmpegel ausgesetzt sind, beeinträchtigt dies unsere Denkfähigkeit, unsere Gedächtnisleistung, unser Allgemeinbefinden und sogar unsere Gesundheit.

Sie stehen mit Ihrem Auto vor einer Ampel und haben gerade einen anstrengenden Arbeitstag hinter sich. Plötzlich fängt Ihr Fahrzeug von einem ohrenbetäubenden Lärm an zu vibrieren. Sie schrecken zusammen und reißen unwillkürlich die Schultern hoch, Ihr Puls beschleunigt. Sie drehen sich um, weil Sie wissen wollen, ob die anderen Autofahrer ebenso zusammengeschreckt sind wie Sie – und dann sehen Sie ihn. Der Mensch in dem Auto direkt neben Ihnen wackelt im Rhythmus der dröhnenden Musik wie verrückt mit dem Kopf.

Auftritt Ted Rueter. Doch Rueter ist nicht etwa der rücksichtslose Mensch, der in dem Auto neben Ihnen seinen privaten Technorave veranstaltet, sondern die Ruhe selbst.

Er ist der Begründer der Initiative Lärmfreies Amerika (Noise Free America), ein Professor für Politische Wissenschaften mit ausgezeichneten Manieren, der an der Tulane University lehrt. Rueter kommt bedächtig daher und vertritt sein Anliegen im Ton ebenso leise wie bestimmt in der Sache. Der Professor ärgert sich über wummernde Pkw-Geschosse und lärmende Laubbläser. Er ist besorgt wegen der Gesundheitsschäden, die solche Geräte anrichten können, und wegen der ständigen Lärmbelästigung, mit der die meisten von uns leben müssen.

Vor zwei Jahren hat Professor Rueter an der Universität Kalifornien in Los Angeles eine Lehrveranstaltung über Möglichkeiten der politischen Einflussnahme durch Bürgerinitiativen gehalten. Während er mit seinen Studenten ein Semester lang die Frage diskutierte, wie sich gesellschaftliche Veränderungen in Gang bringen lassen, ärgerte er sich zusehends über den »unerträglichen Lärm«, dem man in Los Angeles permanent ausgesetzt ist.

Er stand mit dieser Meinung nicht allein da. Vierzehn seiner Studenten schlossen sich der Bürgerinitiative an, die er kurz darauf gründete. Heute hat die US-weit aktive Bürgerinitiative Noise Free America in 20 Bundesstaaten 27 Ortsgruppen. Lärm, so der gegen jede Art von Ruhestörung allergische Professor, verringert unsere Libido, verursacht Schlafstörungen und Depressionen, behindert unsere »kognitive Entwicklung und den Spracherwerb« und führt außerdem zur Schwerhörigkeit. Rund achtundzwanzig Millionen Amerikaner leiden unter Schwerhörigkeit, und zehn Prozent dieser Fälle sind Professor Rueter zufolge lärmverursacht. Laute Geräusche erhöhen unsere Herzfrequenz und beschleunigen den Puls, verlangsamen die Ausschüttung der Verdauungssäfte und lassen unseren Blutdruck hochschnellen. Sämtliche dieser »Symptome können durch Lärmbelästigung ausgelöst werden«.

Professor Rueter warnt: »In unserem Land wird die Lärmproblematik kaum thematisiert, während wir alle unter ihren Folgen zu leiden haben.«

Forscher von der Cornell-Universität haben festgestellt, dass Menschen, die in Großraumbüros arbeiteten und somit einem permanent zu hohen Geräuschpegel ausgesetzt waren, wesentlich häufiger unter Stress litten als Vergleichspersonen. Zeitgleich nahm auch ihre Bereitschaft, sich mit schwierigen Problemen auseinander zu setzen, um 40 Prozent ab.

70.
Vorsicht mit Pestiziden

Es gibt Wichtigeres im Leben als die Fragen, ob Ihr Rasen nahtlos grün ist, Ihre Blumen mit ihrer Pracht das Auge blenden oder ob in Ihrem Garten die größten Salatköpfe wachsen. Wichtiger ist zum Beispiel die Überlegung, ob die Pestizide, mit denen Sie Insekten und andere so genannte Schädlinge in Ihrem Garten vernichten, Ihrer Gesundheit schaden. Die regelmäßige Anwendung von Pestiziden stellt nämlich nicht nur für Schädlinge eine Bedrohung dar, sondern auch für Menschen, Haustiere und andere Lebewesen. Begnügen Sie sich deshalb lieber mit natürlichen Methoden des Pflanzenschutzes, durch die sich der Gebrauch von Pestiziden erübrigt.

Robina Suwol hielt an einem sonnigen Frühlingstag in Los Angeles mit dem Wagen vor der Schule, um ihre Söhne aussteigen zu lassen, als sie einen Mann in einem Schutzanzug sah, der sich neben dem Gebäude mit einer großen Giftspritze zu schaffen machte. Ihre beiden Söhne Nicholas und Brandon, damals sechs und zehn Jahre alt, traten geradewegs in den feinen Sprühregen hinaus, bei dem es sich – wie Robinas Nachforschungen später ergaben – um ein Pestizid handelte. Nicholas, der an Asthma leidet, geriet augenblicklich in Atemnot. Das war vor fünf Jahren.

Robina verlangte bei der Schulbehörde Einsicht in einschlägige Dokumente und stellte fest, dass die für die Instandhaltung und Betreuung der Schule zuständigen Arbeiter Pestizid- und Herbiziddosierungen versprühten, die um das Zehnfache über den vom Hersteller genannten Grenzwerten lagen.

Robina rief daraufhin im Schulbezirk Los Angeles eine Initiative ins Leben, die Eltern auf die dort übliche Verwendung giftiger Chemikalien bei der Pflege der schuleigenen Grünanlagen aufmerksam macht. Ihr Ziel: Sie möchte anderen betroffenen Eltern helfen, ihre Kinder vor diesen Giftstoffen zu schützen. Unterdessen haben sich bereits 6000 besorgte Eltern der Initiative angeschlossen.

»Inzwischen findet unsere Initiative Nachahmer im ganzen Land. Andere Bezirke nehmen sich an uns ein Beispiel und wollen diese Verhältnisse ebenfalls abstellen«, sagt Julie Korenstein, die wie Robina dem Elternbeirat angehört und Robinas Bemühungen schon von Anbeginn unterstützt.

Die National School Pesticide Reform Coalition hat die Bemühungen der Elterninitiative in Los Angeles in einem Bericht als eine von 27 landesweit vorbildlichen Gruppen lobend erwähnt. Robina hat sogar von der Umweltorganisation Environment California wegen ihres Engagements eine Auszeichnung erhalten.

Robina, die so manches Wochenende opfert, um Unterstützung für ihr Anti-Pestizid-Projekt zu gewinnen, sagt abschließend: »Die ganze Initiative ist aus Liebe geboren. Wir wollen nichts weiter, als unsere Kinder vor Krankheit schützen.«

Eine Studie der Emory-Universität hat ergeben, dass Menschen, die in Haus und Garten häufig Pestizide verwenden, ein gegenüber Vergleichspersonen um 70 Prozent erhöhtes Risiko eingehen, an Parkinson zu erkranken.

71.
Mit feindseligen Gefühlen schaden Sie sich selbst am meisten

Wenn wir mit unseren Mitmenschen in Harmonie leben, wirkt sich dies auch auf unser eigenes seelisches und körperliches Wohlbefinden aus. Negative Gefühle gegenüber den Menschen, mit denen wir Umgang haben, sind für unser Seelenleben und unseren Körper eine Belastung. Denken Sie stets daran, dass Sie sich mit Ihrer Wut meist selbst mehr schaden als demjenigen, dem sie gilt.

»Vielleicht sollten richtige Männer öfter mal 'ne Portion Müsli essen. Kann sein, dass sie dann länger leben«, sagt Philosophieprofessor Sam Keen. Der Professor möchte das übliche Männlichkeitsklischee im Namen der Gesundheit revolutionieren und setzt sich deshalb dafür ein, Gewalt, Materialismus und Machtstreben durch Friedfertigkeit, Spiritualität und kooperatives Verhalten zu ersetzen.

»Das Männlichkeitsideal ist doch bis heute der Rambo«, sagt Sam. »Potenz [das heißt Macht in all ihren Facetten, d. Ü.] ist das Markenzeichen des Mannes – eine kulturell geprägte fixe Idee, die uns so viel Stress aufbürdet, dass sie sogar krank machen kann.«

Sams wissenschaftliches Interesse gilt vor allem dem Zusammenhang zwischen Spiritualität und Gesundheit. Er rät den heutigen Männern dringend, sich in ihrem Selbstbild nicht von den medial verbreiteten Idealen leiten zu lassen. »Je mehr wir versuchen, anderen unsere Sicht der Dinge aufzudrängen, umso größer ist die Enttäuschung. Und das macht uns krank.«

Sam ist der Meinung, dass noch immer viel zu viele Männer die Werte und Verhaltensmuster akzeptieren, die dem traditionellen Bild des Mannes anhängen. Er möchte die Männer deshalb dazu ermutigen, »lieber ihre eigenen Geschichten zu erfinden«, als sich mit den vorgefertigten Mythen zu identifizieren, die über sie in Umlauf sind. »Wir sind zwar durch unsere Biologie mit einem erheblichen Aggressionspotenzial ausgestattet, allerdings darf man diese Aggressivität nicht mit Rücksichtslosigkeit und Bösartigkeit verwechseln«, sagt er. »Aggressiv zu sein bedeutet zunächst nur, dass wir voller Energie stecken und mit dieser Energie etwas anfangen müssen. Aber natürlich kann man diese Energie genauso gut für friedliche wie für kriegerische Ziele einsetzen.«

Ärzte von der Brown Medical School haben herausgefunden, dass Menschen, die sich sehr stark von feindseligen Gefühlen leiten lassen, mit einem um sechs Prozent höheren Herzinfarktrisiko leben.

72.
Zu viel Kaffee ist Gift für uns

Hätten Sie's gewusst? Koffein ist das Genussgift, das auf der Welt am weitesten verbreitet ist. In seiner Wirkung auf die Mechanismen der Reizleitung in unserem Gehirn lässt sich Koffein am ehesten mit Kokain vergleichen. Es ist also ein Suchtmittel. Da es jedoch in allen möglichen Alltagsgetränken vorkommt – sei es Kaffee, Tee, heiße Schokolade oder Sodawasser –, vergessen wir gerne, dass es sich dabei um ein Gift handelt. In geringen Dosierungen hat Koffein durchaus positive Wirkungen, deswegen ist es auch in manchen Schmerzmitteln enthalten. In hohen Dosierungen kann es hingegen Schlafstörungen und Bluthochdruck verursachen.

Auf den ersten Blick erscheint alles recht harmlos. Ein mit Zitrusaroma angereichertes Pulver, das mit Vitaminen, Mineralien und einem Schuss Koffein versetzt ist. Sie streuen es in Wasser oder Fruchtsaft, trinken es, und schon gehört der Tag Ihnen.

Da sich das Pulver jedoch bei sportbegeisterten Jugendlichen einer so immensen Beliebtheit erfreut, löst seine weite Verbreitung bei Eltern und Trainern in letzter Zeit einige Besorgnis aus.

»Koffein ist ein stimulierender Wirkstoff. Seine Anwendung in hohen Dosierungen ist sowohl vom NCAA, dem Nationalverband des Hochschulsports in den USA, als auch vom Internationalen Olympischen Komitee unter Strafe gestellt worden«, erzählt ein besorgter Vater. »Dieses Produkt enthält fünfmal so viel Koffein wie ein Colagetränk.«

Der Sportverband der High Schools in Nebraska verweist auf die Notwendigkeit, den Konsum derartiger Produkte zu regulieren. Zurzeit gibt es für die Verwendung leistungssteigernder Substanzen noch keine solchen Regeln, doch wir haben bereits Überlegungen angestellt, einen derartigen Kanon zu entwickeln. Ich bin nicht so naiv zu glauben, dass solche Mittel in Nebraska nicht zum Einsatz kommen«, sagt Jim Tenopir, der Vorsitzende des Verbandes. »Nach unserer Auffassung sollte die Verwendung derartiger Substanzen allerdings nur unter ärztlicher Aufsicht erlaubt sein.«

Dann fügt er noch warnend hinzu: »Die größte Gefahr liegt darin, dass diese Wirkstoffe als eine Art Wundermittel gelten. Wie jeder von uns möchten natürlich auch junge Leute ihre Leistungsgrenze immer höher hinaufschrauben. Deshalb glauben sie, dass sie bloß diese Mittel zu sich nehmen brauchen, um besser zu werden. Und da man diese Substanzen einfach in irgendein völlig normales Getränk mischt, finden sie nichts weiter dabei. Allerdings gibt es bislang keinerlei Beweise für die Wirksamkeit dieser Mittel, deshalb verbieten renommierte Sportverbände in der ganzen Welt ihren Athleten aus gutem Grund einen exzessiven Koffeinkonsum.«

Die meisten wissenschaftlichen Untersuchungen haben bisher ergeben, dass moderater Koffeinkonsum (250 bis 350 Milligramm am Tag – also etwa drei Tassen Kaffee) für einen gesunden Erwachsenen kein erkennbares Risiko darstellen. Allerdings haben Ärzte der Universität Texas einen Zusammenhang zwischen übermäßigem Koffeinkonsum und bestimmten Herzerkrankungen, etwa Herzrhythmusstörungen, festgestellt.

73 ·
Stöckelschuhe verursachen Knieprobleme

Stöckelschuhe stellen den Bewegungsapparat vor eine unnatürliche Beanspruchung, die vor allem die Knie belastet. Je flacher die Absätze, umso besser für die Beine.

Professor Casey Kerrigans Mission wird erst erfüllt sein, wenn die Frauen sich endlich dazu durchringen, ihre Gesundheit wichtiger zu nehmen als die Mode und ihre Stilettos in den Müll werfen. Ihre Forschungsarbeiten belegen nämlich, dass hochhackige Damenschuhe – selbst wenn sie nicht stattliche fünfzehn Zentimeter hoch sind – bei Frauen die Hauptursache für arthritische Degenerationserscheinungen in den Kniegelenken sind.

»Wenn es sich herumspricht, dass das Tragen von Pumps wirklich schädlich ist, kommen sie hoffentlich allmählich aus der Mode«, sagt Professor Kerrigan, die an der Universität Virginia das Institut für Physiotherapie und Rehabilitation leitet.

Um ihre Annahmen wissenschaftlich zu untermauern, stellt Professor Kerrigan exakte Bewegungsanalysen an und misst mithilfe von in den Boden eingelassenen Sensoren die Belastung der Knie ihrer Patienten. Ihre jüngsten Studien haben ergeben, dass bereits relativ niedrige Absätze die Kniegelenke über Gebühr strapazieren. »Wir glauben inzwischen, dass selbst zwei Zentimeter hohe Absätze schon Probleme verursachen können. Betroffen sind also nicht nur Stilettos, sondern auch ganz normale Damenschuhe«, sagt Dr. Kerrigan. »Mittlerweile haben ja fast alle Damenschuhe mindestens fünf Zentimeter hohe Absätze.«

Von einer Arthritis des Kniegelenks spricht man, wenn sich die Knorpelmasse in dem Gelenk auflöst und die Knochen aufeinander reiben, was äußerst schmerzhaft ist. »Das kann manchmal wirklich problematisch sein, weil es die Bewegungsfreiheit der betroffenen Person deutlich einschränkt«, sagt Dr. Linda Staiger, die Leiterin des Instituts für Allgemeine Orthopädie an der Universität Virginia. »Es erschwert nicht nur das Autofahren und die Arbeit, sondern sogar die Fortbewegung im Haus, falls dort Stufen zu bewältigen sind.«

Professor Kerrigan legt jedenfalls allen Frauen dringend ans Herz, nur Schuhe mit flachen Absätzen zu tragen, und arbeitet unablässig daran, den perfekten Schuh zu entwickeln.

Eine Studie der Universität Virginia hat ergeben, dass Frauen, die Stöckelschuhe tragen, ihre Knie um 23 Prozent mehr belasten als solche, die flache Schuhe bevorzugen. Eine Arthritis im Bereich der Kniegelenke kommt übrigens bei Frauen doppelt so häufig vor wie bei Männern.

74.
Schuldgefühle schaden Ihnen

Wenn Sie sich im Nachhinein ewig über Dinge grämen, die Sie getan haben, schaden Sie sich letztendlich nur selbst. Schuldgefühle sind nämlich nicht nur psychische Energieverschwendung, sie beeinträchtigen zudem die Fähigkeit Ihres Körpers, Krankheiten abzuwehren. Die Entscheidung liegt demnach ganz bei uns, ob wir uns ständig über unsere eigenen oder die Fehler anderer aufregen wollen. Wenn wir uns über die Folgen für unsere Gesundheit im Klaren wären, würden wir viele Punkte, über die wir uns ärgern, sehr viel schneller abhaken.

»An Schuldgefühlen besteht wahrlich kein Mangel«, sagt Henry. Er arbeitet als Therapeut mit Menschen, die sich durch ihr Berufs- oder Familienleben überlastet fühlen. »Wer zu Hause und am Arbeitsplatz gewisse Verpflichtungen hat, kann sich natürlich pausenlos darüber ärgern, was wegen dieser Verpflichtungen alles zu kurz kommt«, erklärt Henry.

»Solche Schuldgefühle stellen sich ja bloß deshalb ein, weil man es aus Zeitmangel nicht schafft, alles zu erledigen, was man sich vorgenommen hat. Allerdings verliert man dadurch auch noch genau das bisschen Zeit, das man sonst für andere Dinge aufwenden könnte.«

Henry empfiehlt daher, klar zwischen produktiver und vergeudeter Zeit zu unterscheiden. Wenn es immer wieder Phasen gibt, in denen man weder daheim noch am Arbeitsplatz etwas Sinnvolles zustande bringt – sei es, weil man die Zeit verplempert oder sich über sich selbst ärgert –, hilft nur eines: »Man muss lernen, in der verfügbaren Zeit das Wesentliche zu erledigen.«

Dann fährt Henry fort: »Selbst wenn Sie gut organisiert sind, wird es Ihnen nicht gelingen, einen 48-Stunden-Tag zu kreieren, der es Ihnen gestattet, zehn Millionen Dinge zu erledigen. Aber Sie können auch schon mit sich zufrieden sein, wenn Sie wirklich systematisch alle Punkte abarbeiten, die Sie sich vorgenommen haben.«

Weiter empfiehlt Henry, nichts zu versprechen, was man nicht halten kann. »Wenn Sie sagen, dass Sie etwas tun, müssen Sie es auch tun. Sonst stellen sich nämlich automatisch Schuldgefühle ein. Überlegen Sie sich also gut, welche Zusagen Sie machen. Fragen Sie sich, was Sie wirklich leisten können, und gehen Sie dabei von realistischen Annahmen aus.«

Wenn wir so vorgehen, stellen sich unsere Schuldgefühle Henry zufolge von ganz alleine ein. Und: »Schuldgefühle sind die unproduktivste Sache der Welt. Sie belasten nicht nur die Psyche, sondern auch unser körperliches Wohlbefinden.«

Ärzte der englischen Universität Hull haben nachgewiesen, dass Schuldgefühle die Produktion des Antikörpers Immunoglobulin A behindern, der uns vor Infektionen schützt.

75.
Abwechslung ist alles – auch beim Fitnesstraining

Für unsere Gesundheit ist es am besten, wenn wir regelmäßig ein möglichst abwechslungsreiches Fitnessprogramm absolvieren. Fachleute raten davon ab, den Körper einseitig zu trainieren, weil dabei nur bestimmte Muskelgruppen aktiviert werden. Wenn Sie Ihr Fitnessprogramm hingegen vielseitig gestalten, halten Sie Ihren ganzen Körper in Form und verlieren auch nicht so schnell das Interesse an Ihren sportlichen Aktivitäten.

Justine arbeitet für ein Unternehmen, deren Mitarbeiter sie in puncto Gesundheitsbewusstsein schult. Auch sie empfiehlt ein möglichst abwechslungsreiches Fitnessprogramm.

»Erstens: Am liebsten machen wir natürlich Sachen, die uns Spaß bereiten. Das Leben ist doch viel leichter, wenn man die Dinge, die man ohnehin tun sollte, gerne tut, statt sich nur herumzuquälen.«

Deshalb rät Justine ihren Klienten, ihr Fitnesstraining mit angenehmen Dingen zu verbinden. »Vielleicht haben Sie ja mit körperlicher Anstrengung nicht viel im Sinn, aber wie wäre es denn, wenn Sie gemeinsam mit einem/r Freund/-in etwas für Ihre Fitness tun? Plötzlich erscheint Ihnen die ganze Plackerei nicht mehr als Strafe, sondern als Chance, mit einem sympathischen Menschen zusammen zu sein. Oder machen Sie doch einfach mal einen Spaziergang in einem Park, den Sie noch nicht kennen. Oder erkunden Sie zu Fuß eine Stadt, in die es Sie sonst nur selten verschlägt.« Solche Belohnungen helfen laut Justine dabei, »das nötige Fitnessprogramm nicht als Belastung zu empfinden, sondern als willkommene Abwechslung«.

Justine empfiehlt zudem, möglichst viele verschiedene Fitnessaktivitäten auszuprobieren. »Wenn Sie immer dasselbe machen, langweilen Sie sich natürlich schon bald. Machen Sie besser von allem ein bisschen. Statt spazieren zu gehen, können Sie zwischendurch auch mal ein paar Bahnen schwimmen oder Aerobics machen oder Fußball oder Volleyball spielen. So ein gemischtes Programm hält Ihr Interesse wach und ist außerdem gesünder für Ihren Körper.«

Dann fährt sie fort: »Wenn die Zeit knapp ist, sollten Sie Ihren Bewegungsapparat zwischendurch wenigstens kurz beanspruchen. Allerdings sollten Sie Ihren Körper mindestens einmal in der Woche eine Zeit lang richtig auf Hochtouren bringen.« Doch sie mahnt auch zur Vorsicht: »Aber überfordern Sie sich dabei nicht. Setzen Sie sich bestimmte Ziele, und gönnen Sie sich eine Belohnung, wenn Sie spüren, dass Ihre Fitness sich verbessert hat.«

Ärzte der Universitätsklinik Innsbruck haben in einer Studie Männer beobachtet, die sich ausschließlich durch Radfahren fit hielten. Wegen des intensiven Drucks der kleinen Sattelfläche war bei 90 Prozent dieser Radfahrer die Anzahl der Spermien reduziert.

76.
Finger weg von Feuerwerkskörpern

Man kann sie um die Silvesterzeit in vielen Läden kaufen, und sie sind scheinbar leicht zu handhaben. Aber Feuerwerkskörper sind kein harmloses Vergnügen, sondern das gefährlichste Spielzeug auf dem Markt. Schützen Sie sich deshalb vor verheerenden Unfällen und erfreuen Sie sich lieber an professionellen Feuerwerksdarbietungen.

Früher waren sie in seinen Augen lediglich eine Art knallendes Spielzeug. Dann verlor Frank durch einen Feuerwerkskörper drei Finger seiner linken Hand.

»Ein explodierender Kracher kann das Leben eines Menschen in einem einzigen Augenblick zerstören«, sagt Frank. »Feuerwerkskörper gehören prinzipiell nur in die Hände von Pyrotechnikern, also geschulten Experten. Kinder sollten unter gar keinen Umständen mit Feuerwerkskörpern oder ähnlichen Dingen spielen – das Verletzungsrisiko ist einfach viel zu groß.«

Frank weiter: »Manchmal gehen Feuerwerkskörper vorzeitig los, manchmal erst mit Verzögerung. Dazu reicht schon ein kleiner Defekt des Zünders. Ein Windstoß kann eine Rakete aus der Bahn werfen, oder ein scheinbarer Blindgänger fliegt plötzlich doch noch in die Luft.« Selbst Wunderkerzen, die manch einer sogar kleinen Kindern unbedenklich in die Hand gibt, erreichen sehr hohe Temperaturen und können leicht Kleider in Brand setzen.

Frank ist bereits vor dem Gesundheitsausschuss mehrerer US-Bundesstaaten aufgetreten und besucht jedes Jahr etliche Schulen, um den Kindern dort zu demonstrieren, wie gefährlich Feuerwerkskörper sein können.

»An Tagen, an denen draußen Feuerwerkskörper durch die Luft fliegen, müssen Kinder ständig beaufsichtigt werden. Sie können Gefahren noch nicht richtig einschätzen und wissen auch nicht, wie sie sich in einem Notfall zu verhalten haben.«

Frank weist jeden, dem er demonstrieren will, wie gefährlich Feuerwerkskörper sein können, auf eine schlichte Wahrheit hin. Er hebt dazu bloß die linke Hand und sagt: »Das ist es nun wirklich nicht wert!«

Nach Auskunft des amerikanischen Verbandes für sichere Konsumgüter (U.S. Consumer Product Safety Commission) müssen US-Krankenhäuser im Jahr rund 25 000 durch Feuerwerkskörper verursachte

Verletzungen behandeln. Die Gesamtsumme der medizinischen und sonstiger Folgekosten beläuft sich dabei im Jahr auf über 350 Millionen Dollar.

77 ·
Krankheitsrisiken am Arbeitsplatz

Eine unzureichende Klima- oder Belüftungsanlage kann ursächlich dafür sein, dass schlechte Luft aus einem Gebäude nicht richtig abgesaugt wird oder dass sogar Keime und Krankheitserreger innerhalb des Gebäudes verteilt werden. Wenn Sie sich an Ihrem Arbeitsplatz häufig krank fühlen, sollten Sie sich deshalb genau informieren, was für eine Belüftungsanlage dort installiert ist.

»In einem modernen Gebäude, dessen Fenster sich nicht öffnen lassen, ist man im Grunde genommen völlig hilflos«, beklagt sich Joe Stearns, der nicht nur selbst schon in großen Bürogebäuden gearbeitet, sondern auch die dortige Luftqualität untersucht hat. »Inzwischen ist die Bauwirtschaft so weit, dass sie ein Gebäude nach innen und außen total versiegeln kann. Ursprünglich hat man damit das Ziel verfolgt, die Heiz- und die Klimatisierungskosten zu senken. Aber diese Technik sorgt auch dafür, dass Dinge in einem Gebäude herumschwirren, die wir dort gar nicht haben wollen.«

Viele dieser schädlichen chemischen Substanzen werden sogar in dem Gebäude selbst freigesetzt, etwa Kleinstpartikel aus Klebstoffen, Teppichböden, Isoliermaterialien, Polstermöbeln, Büromöbeln und Kopierern. Hinzu kommen Pestizide und Reinigungsmittel, die flüchtige organische Verbindungen enthalten. Oft können diese Verbindungen sogar schon in niedriger Konzentration bei besonders empfindlichen Menschen akute Reaktionen auslösen. In hoher Konzentration können sie auch Ursache chronischer Erkrankungen sein. Schadstoffe, zum Beispiel Abgase, Emissionen der Außenverkleidung und andere giftige Substanzen, können ebenfalls durch eine schlecht eingestellte Belüftungsanlage von außen in die Gebäude hineingelangen.

»Firmen, die ihre Beschäftigten unter solchen Bedingungen arbeiten lassen, sollten deshalb die Luftqualität in dem betreffenden Gebäude regelmäßig überprüfen. Falls Probleme auftauchen, sollte das Unternehmen offen darüber sprechen und Maßnahmen ergreifen, um die Ursachen zu beheben.«

Joe weist darauf hin: »Allerdings können Sie auch selbst die Luftqualität in Ihrem Büro erheblich verbessern, indem Sie dort etwa Pflanzen aufstellen. Eine Studie der NASA hat ergeben, dass Laub tragende Pflanzen und Blütenpflanzen die Fähigkeit besitzen, Schadstoffe aus der Luft herauszufiltern, und deshalb die Luftqualität in Innenräumen verbessern.« Joe empfiehlt Pflanzen wie Philodendron, Diffenbachia, Azaleen, Bambuspalmen, Kornpflanzen, Chrysanthemen, Poinsettien, Pothos und Spinnenpflanzen.

Nach Schätzungen der Weltgesundheitsorganisation WHO entspricht die Luftqualität in rund 30 Prozent der Bürogebäude weltweit nicht den Erfordernissen.

78.

Schützen Sie Ihre Haut vor zu viel Sonnenlicht

Hautkrebs ist in den USA die mit mehr als einer Million Betroffenen pro Jahr häufigste Krebserkrankung. Dabei sind die beiden am weitesten verbreiteten Formen dieser Erkrankung, das Basal- und das Schuppenzellkarzinom, aber auch die als Melanom bezeichnete gefährlichste Variante des Hautkrebses häufig auf ungeschütztes Sonnenbaden und auf Sonnenbrände zurückzuführen, Faktoren also, die sich durchaus vermeiden lassen. Machen Sie es sich deshalb zur Gewohnheit, Ihre Haut im Freien grundsätzlich vor zu viel Sonnenlicht zu schützen.

Was glauben Sie: In welchen US-Bundesstaaten ist die Gefahr eines Sonnenbrandes am höchsten? Sie würden vermutlich auf Florida oder Kalifornien tippen oder auf einen anderen »Sonnenstaat«. Doch in Wahrheit kommen die meisten Sonnenbrände in Colorado, Iowa, Michigan, Indiana und Wyoming vor. »Entscheidend ist also demnach in erster Linie der richtige Sonnenschutz. Die Menschen in den sonnenärmeren

Bundesstaaten machen sich offenbar weniger Gedanken um die Gefahren, die eine übermäßige Sonneneinstrahlung für die Haut mit sich bringt. Die Leute dort sind nicht daran gewöhnt, dass die Sonne ständig vom Himmel strahlt und unterschätzen deswegen wahrscheinlich das Risiko«, sagt der Dermatologe Timothy M. Johnson von der Universität Michigan.

»Obwohl die meisten Leute wissen, dass Sonnenstrahlen gefährlich sein können, schützen sich viele trotzdem nicht richtig«, so Dr. Johnson. »Wer sich durch entsprechende Präparate und andere Vorsichtsmaßnahmen vor allzu viel Sonnenlicht schützt, kann jedoch nicht nur gefährliche Sonnenbrände und ein vorzeitiges Altern der Haut vermeiden, sondern auch das Risiko von Hautkrebs deutlich reduzieren.«

Dr. Johnson weiter: »Wichtig ist ein ausreichender Sonnenschutz vor allem in jungen Jahren, denn 80 Prozent der sonnenbedingten Schäden, die in unserem Leben auftreten, entstehen bereits vor dem achtzehnten Lebensjahr. Wenn Eltern ihr Kind von klein auf richtig vor zu viel Sonnenlicht schützen und das betreffende Kind diese Gepflogenheit auch als Erwachsener beibehält, sinkt dadurch das Risiko eines Melanoms in späteren Jahren ganz beträchtlich.«

Dr. Johnson weist ferner darauf hin, dass alle Bemühungen, uns vor viel Sonnenlicht zu schützen, nichts nützen, wenn wir dies nicht wirksam tun. »Studien haben gezeigt, dass die einmalige Anwendung einer Sonnenschutzcreme dem Körper noch keinen ausreichenden Schutz vor der Sonne bietet. Der Sonnenschutzfaktor, den wir so erreichen, liegt deutlich unter den Erwartungen und ist in vielen Fällen bestenfalls halb so hoch wie auf dem Produkt selbst angegeben.«

Deshalb rät Dr. Johnson: »Verwenden Sie ausschließlich Mittel mit einem Sonnenschutzfaktor 15 oder mehr. Tragen Sie außerdem jedes Mal Sonnencreme auf, wenn Sie sich länger als 20 Minuten in der Sonne aufhalten, und zwar eine halbe Stunde, bevor Sie tatsächlich ins Freie gehen. Achten Sie ferner darauf, dass Sie das Sonnenschutzmittel gründlich auf das Gesicht, die Ohren und auf Hände und Arme auftragen, und wiederholen Sie die Prozedur alle zwei Stunden oder nach jedem Aufenthalt im Wasser.«

Eine Erhebung des Nationalen Krebsinstituts (National Cancer Institute) unter 150 000 US-Bürgern hat ergeben, dass 32 Prozent der Befragten innerhalb der zurückliegenden zwölf Monate einen Sonnenbrand gehabt hatten. Bei Jugendlichen, die jünger als 18 Jahre alt waren, lag diese Rate sogar bei 80 Prozent. Wiederholte Sonnenbrände verdreifachen das Risiko, im späteren Leben an Krebs zu erkranken.

79.
Nehmen Sie einen Sturz nicht auf die leichte Schulter

Die meisten Menschen machen sich mehr Gedanken über eher seltene, aber dafür umso schrecklichere Unglücksfälle und Krankheiten als über die ganz alltäglichen Gefahren, mit denen wir leben. Wer sich fit hält und im eigenen häuslichen Umfeld die nötigen Sicherheitsvorkehrungen trifft, kann zum Beispiel das Risiko eines Sturzes deutlich vermindern.

Professor Thurmon Lockhart leitet das Labor für Bewegungserforschung (Locomotion Research Laboratory) am Virginia Polytechnical Institute. Er möchte herausfinden, warum wir manchmal stürzen.

»Ein Sturz ist eine ständige Bedrohung, vor allem im Alter, und bedeutet einen massiven Eingriff in unser normales Leben. Ich möchte gerne wissen, wieso es zu solchen Stürzen kommt und wie man sie verhindern kann.«

In seinem Labor legt Professor Lockhart jüngeren und älteren freiwilligen Versuchspersonen einen Haltegurt an und verkabelt den ganzen

Körper mit einem Netzwerk von Sensoren. So kann er die muskuloskeletalen, die neuromuskulären und die biomechanischen Reaktionen messen, die auftreten, wenn wir ins Straucheln geraten und einen Sturz gerade noch vermeiden können.

Die Probanden gehen in Lockharts Labor auf einer Versuchsplattform auf und ab. Dabei messen die Sensoren die Aktivität der Muskeln und Gelenke in den Füßen, den Fußgelenken, den Beinen, im Hüftgelenk und in den Armen. In einem nach dem Zufallsprinzip ausgewählten Augenblick bestreicht dann ein Assistent hinter dem Rücken des ahnungslosen Probanden die Versuchsfläche mit einer Art Schmierseife. Wenn die Versuchsperson dann kehrtmacht und wieder in die entgegengesetzte Richtung geht, gerät sie ins Rutschen und versucht alles, um einen Sturz zu vermeiden und das Gleichgewicht zu halten (wobei sie natürlich durch den Haltegurt vor einem wirklichen Sturz bewahrt wird).

Dabei werden sämtliche von den Sensoren aufgezeichneten Daten in einen Computer eingespeist und geben den Forschern hinterher Aufschluss über jede kleinste Bewegung, die die Versuchsperson macht, wenn sie ausgleitet und einen Sturz zu verhindern sucht. Die freiwilligen Probanden, mit denen Lockhart und seine Studenten ihre Tests anstellen, gehören unterschiedlichen Altersgruppen zwischen 18 und 65 Jahren an.

Lockhart möchte durch seine Forschungen aber nicht nur die Mechanik des Gehens, des Strauchelns und der Stabilisierung des Gleichgewichts besser verstehen. »Ich möchte auch mehr über die Veränderungen wissen, denen unser Gang und unser Gleichgewichtssinn mit zunehmendem Alter unterworfen sind«, sagt er. So könnte sich zum Beispiel unsere Art zu gehen im Laufe des Lebens verändern. »Möglich, dass wir langsamere und kürzere Schritte machen, wenn wir älter werden, unser Gewicht mehr auf die Fersen verlagern und deshalb leichter ins Rutschen geraten.« Hinzu kommt, dass je älter wir werden, unsere Sehkraft, unser Gleichgewichtssinn und die Sensibilität unseres Tastsinns nachlassen. »Infolge solcher Veränderungen kann es im Alter passieren, dass wir erst zu spät reagieren, wenn unsere Füße ihren sicheren Bodenhalt verlieren.«

Forscher am Virginia Polytechnical Institute haben herausgefunden, dass bei Menschen, die über 45 Jahre alt sind, ein Sturz unter den Ursachen tödlicher Unfälle an zweiter und bei Menschen, die älter als 75 Jahre sind, sogar an erster Stelle liegt.

80.

Piercings können gefährlich sein

Wenn man sich irgendwo am Körper das Gewebe durchstechen lassen möchte, ist dies an den Ohrläppchen am wenigsten gefährlich. Andere Bereiche des Außenohrs enthalten mehr Knorpelmasse, sind also schwächer durchblutet und heilen deswegen nicht so schnell wieder ab wie eine Verletzung des Ohrläppchens.

»Die Hälfte der Körper-Piercings, die amerikanische Jugendliche sich machen lassen, werden von gleichaltrigen Freunden ausgeführt und nicht etwa von Leuten, die sich mit diesen Dingen auskennen«, sagt Dennis Ranalli, der an der Universität Pittsburgh Zahnmedizin lehrt. Tatsächlich kann man die nötigen Utensilien im Internet schon für 75 Dollar ordern. Ein Antiseptikum ist in dem Angebot leider nicht enthalten, aber dafür muss man den Vertreiber durch fünf Unterschriften von etwaigen Haftungsansprüchen freistellen.

»Ich habe gerade eine Patientin, die sich selbst die Augenlider mit

Sicherheitsnadeln durchstochen hat. Natürlich hat sie gleich eine Infektion bekommen«, erzählt Dr. Ranalli, der sich vor allem mit Piercings im Mundbereich beschäftigt hat. Er kann aber auch echte Horrorgeschichten erzählen, etwa den Fall einer durch Piercing verursachten Mundboden- und Halsphlegmone (einer bakteriellen Infektion im Mund-Rachen-Raum, die sogar die Atmung blockieren kann) und einer bakteriellen Endokarditis (einer Entzündung der Herzinnenhaut). Ferner verweist er auf eine durch Piercing verursachte HIV-Übertragung, auf einen durch Bluthochdruck verursachten Kollaps nach einem Zungen-Piercing und auf einen durch Piercing ausgelösten Fall von Kopftetanus.

»Das sind nicht nur lokale Wehwehchen nach dem Motto: ›Mein Gott, tut mir die Zunge weh‹«, sagt Dr. Ranalli. »Solche Infekte können manchmal ernste, lebensbedrohliche Folgen haben. Die Medizin muss schließlich die Suppe auslöffeln, die die jungen Leute sich mit so genannter ›Body-Art‹ selbst eingebrockt haben. Und das ist wirklich ein Problem.« Besonders absurd findet Dr. Ranalli, dass »manche dieser Kids nicht zum Zahnarzt gehen, weil sie Angst davor haben. Gleichzeitig lassen sie sich von irgendwem die Zunge mit einer riesigen Harpune durchstechen. Wirklich komisch.«

Eine Studie am Oregon Department of Human Services hat ergeben, dass bis zu 50 Prozent aller Piercings, die nicht am Ohrläppchen vorgenommen werden, zu Infektionen führen können.

81.

Ihr Wohnort ist ganz und gar nicht belanglos

Eine hohe Schadstoffbelastung der Luft stellt ein beträchtliches Gesundheitsrisiko dar. Die Entscheidung darüber, wo Sie wohnen, kann deshalb genauso wichtig sein wie Ihre sonstigen Lebensgewohnheiten.

»Der Punkt ist, dass viele Umweltbelastungen, ob nun beabsichtigt oder nicht, augenblicklich Folgen haben. Wir leben in einer Zeit des ständigen Wandels, und wir können nicht immer warten, bis sämtliche wissenschaftlichen Fragen geklärt sind. Wenn Sie also ein Problem durch Vorsichtsmaßnahmen verhindern können, raten wir dringend, dies zu tun, selbst wenn noch keine abschließenden Beweise vorliegen«, sagt Diane Takvorian, die Vorsitzende der Environmental Health Coalition in San Diego. Die von Diane geleitete Gruppe empfiehlt, auf Umweltverhältnisse, die für die Gesundheit eine Bedrohung darstellen könnten, rasch zu reagieren, um mögliche negative Folgen von vornherein zu minimieren.

Diane berichtet beispielsweise von einem galvanotechnischen Unternehmen in der Gegend von San Diego, das nach Meinung örtlicher Umweltaktivisten die umliegenden Wohngebiete mit toxischen Substanzen verseuchte. Nach Ansicht der Betroffenen waren diese Emissionen dafür verantwortlich, dass die Kinder in der Gegend überdurchschnittlich häufig unter Asthma und anderen Erkrankungen litten. Der Kampf dauerte mehr als zehn Jahre.

»Man braucht doch nur ein bisschen gesunden Menschenverstand, um zu begreifen, dass katastrophale Folgen zu erwarten sind, wenn man in einer Wohngegend einfach eine Krebs erzeugende Substanz in die Luft bläst«, sagt Diane.

Diane und andere Aktivisten forderten die örtlichen und die bundesstaatlichen Behörden mehrfach auf, exakte Zahlen über den Schadstoffausstoß der Fabrik zu beschaffen. Doch jahrelang geschah nichts. Schließlich fand sich die Umweltbehörde des Bezirks San Diego bereit, in der Umgebung der Fabrik Messungen durchzuführen und die in der Luft enthaltenen Chrom-6-Werte zu ermitteln. Immerhin ist bereits seit längerem bekannt, dass Chrom-6 Krebs verursachen kann. Dabei ermittelten die Behörden so hohe Werte der karzinogenen Substanz, erzählt sie, dass die Wissenschaftler nicht in der Lage waren, auf der Basis der vorhandenen Risikomodelle eine korrekte Gefahreneinschätzung vorzunehmen. Nach einer weiteren Schadstoffmessung, die der Bundesstaat Kalifornien im vergangenen Jahr veranlasste, wurde die Fabrik schließlich geschlossen.

»Jeder wusste instinktiv, dass hier was nicht stimmt«, sagt Diane. »Wir haben alles versucht, um diesen Eindruck durch wissenschaftliche Daten zu untermauern. Doch solange solche Daten nicht vorliegen, muss man sich auf sein Gefühl verlassen«, fährt sie fort.

»Die Behörden haben fast eine Million Dollar ausgegeben«, fügt sie dann noch hinzu, »und es hat über zehn Jahre gedauert, eine Lösung für das Problem zu finden. Wenn die Verantwortlichen rechtzeitig gehandelt und die Fabrik zum Beispiel verlegt oder mit der nötigen Umwelttechnik hätten ausstatten lassen, dann hätten sich die Menschen hier in der Gegend den ganz Ärger ersparen und schon viel früher in einer gesunden Umgebung leben können.«

Forscher der Stanford-Universität haben zwei Gruppen von Menschen untersucht: Die eine der beiden Gruppen lebte in Städten mit hoher Luftverschmutzung, die andere in Städten mit unbedenklichen Luftwerten. Dabei zeigte sich, dass bei Menschen, die in Städten mit hoher Luftverschmutzung leben, das Risiko einer Atemwegserkrankung um 19 Prozent höher lag als in der Vergleichsgruppe.

82.

Eine elektrische Zahnbürste ist zwar bequem, aber auch nicht effektiver

Sind elektrische Zahnreinigungsgeräte, beispielsweise eine elektrische Zahnbürste, ihr Geld wert? Wenn Sie Ihre Zähne nicht regelmäßig gründlich mit einer konventionellen Zahnbürste reinigen, würde die Antwort ja lauten. Wenn Sie sich die Zähne jedoch genauso lange und entsprechend den Anweisungen Ihres Zahnarztes mit einer normalen Bürste putzen, lautet die Antwort nein.

Dr. Mark Harris legt Wert auf die Feststellung: »Sich die Zähne zu putzen ist nicht das Gleiche, wie den Fußboden zu schrubben.«

Weiter sagt er: »Manche Leute glauben, dass es am besten ist, ihre Zähne hingebungsvoll mit einer steifen, harten Bürste zu bearbeiten. Aber Plaque braucht man nicht abzuschrubben, sondern nur zu entfernen, und dazu reicht eine weiche Bürste allemal aus, die zudem weniger Schaden anrichtet. Bei manchen älteren Leuten findet man sogar Furchen in den Zähnen, weil sie diese jahrzehntelang mit einer harten Zahnbürste traktiert haben.«

Am wirksamsten ist sanftes, aber häufiges Zähneputzen. »Sie würden sich selbst wesentlich mehr helfen, wenn Sie sich nach jeder Mahlzeit die Zähne reinigen, als wenn Sie mit einer supermodernen elektrischen Zahnbürste einmal am Tag Ihr Gebiss bearbeiten.«

Doch dann gibt Dr. Harris zu bedenken: »Manche Leute befolgen einfach nicht die Anweisungen. Sie schrubben ihren Wagen mit der gleichen Intensität wie ihre Zähne und wundern sich hinterher über die entstandenen Lackschäden. Sie zerstören also durch zu intensives Bürsten ihren Zahnschmelz und ihr Zahnfleisch. Solchen Leuten würde ich empfehlen, mit ihrem Wagen gelegentlich durch eine Waschstraße zu fahren und sich die Zähne mit einer elektrischen Bürste zu putzen.«

Schäden in den Zahnzwischenräumen und Zahnfleischerkrankungen lassen sich allerdings nur verhindern, wenn Sie Ihre Zähne rundum sorgfältig pflegen. »Egal, welche Zahnbürste Sie benutzen, sorgen Sie dafür, dass Sie damit jeden Punkt in ihrem Mund erreichen können. Wenn Sie an die hinteren Zähne mit Ihrer gewohnten Zahnbürste nicht richtig herankommen können, dann müssen Sie sich eben eine mit einem kleineren Bürstenkopf besorgen.«

Forscher der Mayo-Klinik haben herausgefunden, dass eine angemessene manuelle Zahnpflege genauso wirksam ist wie die Verwendung elektrischer Reinigungsgeräte. Bei Menschen hingegen, denen eine manuelle Pflege Schwierigkeiten bereitet, zum Beispiel weil sie unter einer Arthritis leiden, kann die Verwendung einer elektrischen Zahnbürste und eines elektrischen Gerätes zur Pflege der Zahnzwischenräume, etwa eine Mundddusche, durchaus sinnvoll sein.

83.
Vorsicht bei Botox-Injektionen

Botox ist ein großes Thema in den Medien. Bei der Berichterstattung wird häufig der Eindruck erweckt, dass ein kurzer schmerzloser Einstich das Gesicht um Jahre jünger erscheinen lassen kann. Aber eine solche Injektion ist ein durchaus ernst zu nehmender medizinischer Eingriff, den Sie nicht ohne vorherige Konsultation Ihres Arztes und auch dann nur von einer vertrauenswürdigen medizinischen Fachkraft vornehmen lassen sollten.

Die neueste Modewelle – die Botox-Party – mag denen, die sich diesem nicht operativen kosmetischen Eingriff unterziehen wollen, vielleicht als harmloser Spaß erscheinen. Doch der Leiter der plastischen Chirurgie am Southwestern Medical Center der Universität Texas in Dallas warnt vor unliebsamen Folgen.

Dr. Rod Rohrich weist darauf hin: »Leute, die solche Partys besuchen, sollten sich vorher unbedingt über die Vertrauenswürdigkeit der Person informieren, die das Mittel injiziert. Botox gehört nur in die Hände eines entsprechend qualifizierten Mediziners. Die Prozedur ist nicht so einfach wie die Anwendung einer Anti-Falten-Creme. Botox ist eine pharmazeutische Substanz, ein Nervengift, und seine Verabreichung kann Komplikationen verursachen.«

Dr. Rohrich erklärt: »Wenn eine kleine Dosis Botox in den Muskel injiziert wird, wirkt das Serum, indem es die Ausschüttung eines Botenstoffes blockiert, der den Muskel veranlasst, sich anzuspannen. Auf diese Weise glättet Botox Augen-, Stirn- und Mundfalten. Die Wirkung einer Injektion hält gewöhnlich drei bis vier Monate an.«

Dann sagt er noch: »Es kann aber auch Leute geben, bei denen Botox Probleme verursacht. Deshalb ist es wichtig, dass sich jeder, der sich die Substanz injizieren lassen möchte, vor der Behandlung von einem Arzt individuell beraten und über etwaige Risiken informieren lässt.«

Dr. Rohrich rät allen Interessierten, sich vor skrupellosen Geschäftemachern zu hüten, die Botox in übermäßig verdünnter Form anbieten und für eine Injektion manchmal nicht mehr als 100 Dollar verlangen. »Wenn jemand Ihnen die Substanz zu einem Dumpingpreis anbietet, kann es passieren, dass das Serum verwässert ist und die Wirkung nur kurz anhält.« Er warnt zudem vor Botox-Partys, auf denen Alkohol gereicht wird. »Alkohol hat bei einer medizinischen Behandlung absolut nichts zu suchen.«

Nach Auskunft der Amerikanischen Gesellschaft für Plastische Chirurgie werden in den USA im Jahr 1,6 Millionen Botox-Injektionen verabreicht. Damit sind sie der inzwischen am meisten verbreitete nicht operative kosmetische Eingriff. Botox wird aus einem von dem Bakterium Clostridium botulinum produzierten Protein gewonnen und kann Schlupflider und asymmetrische Gesichtszüge verursachen.

84.

Mit chronischen Erkrankungen ist nicht zu spaßen

Manche Menschen leiden jahrzehntelang unter einer chronischen Erkrankung, ohne die Auswirkungen unmittelbar zu spüren. So kann zum Beispiel Bluthochdruck sehr lange unbemerkt bleiben und die Betroffenen dann plötzlich durch einen Herzinfarkt oder einen Schlaganfall völlig außer Gefecht setzen. Bloß weil Sie die Auswirkung einer solchen Gesundheitsstörung jetzt vielleicht noch nicht spüren, dürfen Sie trotzdem nicht einfach darüber hinweggehen. Ob Sie wirklich gesund sind, lässt sich nicht allein daran bemessen, wie Sie sich heute fühlen, sondern wie es Ihnen langfristig ergeht.

Scott Evans hat viele lang Jahre für diverse Krankenhäuser und Gesundheitseinrichtungen gearbeitet und zahllose Menschen davon zu überzeugen versucht, dass Bluthochdruck eine behandlungsbedürftige Erkrankung ist.

Er spricht dieses Thema bei jeder sich bietenden Gelegenheit an. »Und wenn Sie nun zu den 25 Prozent Amerikanern gehören, die unter Bluthochdruck leiden? Rund 50 000 Amerikaner fallen im Jahr einer Hypertonie zum Opfer, und etwa fünfmal so viele sterben an den indirekten Folgen dieser Erkrankung.«

Scott verweist ferner darauf, dass die durch eine Hypertonie verursachten Komplikationen umso schwieriger zu behandeln sind, je länger man mit der Therapie wartet. »Es gibt keine Symptome, die zwangsläufig auf einen solchen Befund hindeuten, und zirka ein Drittel der geschätzten 50 Millionen Amerikaner, die von dieser Krankheit betroffen sind, wissen nicht einmal von ihrem Zustand. Deswegen bezeichnen wir den Bluthochdruck als den stummen Killer.«

Scott weiter: »Außer in einigen seltenen Fällen vermag die Medizin relativ wenig über die Ursachen des Bluthochdrucks auszusagen. Immerhin lässt sich die Krankheit leicht diagnostizieren und gut behandeln. Eine verlässliche Auskunft darüber, ob Sie unter einer Hypertonie leiden, erhalten Sie jedoch nur, wenn Sie Ihren Blutdruck messen lassen.«

Scott erklärt, dass ein normaler Blutdruck dafür sorgt, dass das Blut gleichmäßig im ganzen Körper zirkulieren kann. »Wenn der Blutkreislauf jedoch irgendwie gestört ist, werden so lebenswichtige Organe wie das Herz, die Nieren und das Gehirn nicht ausreichend mit dem Sauerstoff und den Nährstoffen versorgt, die sie brauchen, um richtig zu arbeiten. Diese Unterversorgung kann zu einem Herzinfarkt, zu Herz- oder Nierenversagen, einem Schlaganfall, zur Erblindung und zu anderen schweren Ausfallerscheinungen führen. Deswegen ist es so wichtig, über die Risiken einer Hypertonie Bescheid zu wissen, und das Richtige zu tun, um erhöhte Werte zu vermeiden.«

Eine Studie der Universität South Carolina hat ergeben, dass 80 Prozent der befragten Hypertoniker nicht angemessen therapeutisch betreut wurden, wodurch sich ihr Schlaganfall-, Herzinfarkt- oder das Risiko eines Herzversagens verdoppelte.

85.

Wägen Sie die Vorteile des Alkoholkonsums gegen die Nachteile ab

Es gibt mehrere Studien, in denen auf die positiven Wirkungen des Alkoholkonsums verwiesen wird. So soll maßvoller Alkoholgenuss etwa das Risiko von Herzerkrankungen reduzieren. Regelmäßiger – aber mäßiger – Rotweingenuss soll den Cholesterinspiegel senken. Ja, wer dem Alkohol in Maßen zuspricht, darf sich sogar ein längeres Leben erhoffen. Dies alles gilt jedoch nur – wie die zuvor genannten Studien einhellig betonen –, solange wir Alkohol lediglich in geringen Mengen zu uns nehmen. Wer insgesamt zu viel, zu häufig und zu viel auf einmal trinkt, kann auf diese positiven Wirkungen des Alkohols nicht rechnen.

Mark weiß aus eigener Erfahrung, dass der Alkohol eine ganze Familie zerstören kann. Er leitet zwar selbst eine Suchtklinik, aber seine eigene Tochter ist nach einem Alkoholexzess gestorben.

Mark beschäftigt sich seit drei Jahrzehnten von Berufs wegen vor allem mit den negativen Folgen des Alkoholkonsums. Obwohl sich in dieser langen Zeit manches zum Besseren gewendet hat, kann sich Mark des Eindrucks nicht erwehren, dass das Problem des Alkoholismus bis heute im Gesundheitswesen nicht die ihm gebührende Aufmerksamkeit findet.

»Die Bevölkerung und die Regierenden begreifen bis zum jetzigen Zeitpunkt nicht den Stellenwert des Alkoholismus für die Kriminalitätsstatistik und das Gesundheitswesen«, sagt er. »Das Problem Alkoholismus ist bis heute stigmatisiert. Die Krankheit wird noch immer nicht in dem Umfang therapiert, wie dies eigentlich nötig wäre. Zeitgleich glorifizieren die Medien und die Werbung bis heute den trinkfesten Mann, und die Alkoholproduzenten geben Millionensummen dafür aus, neue Konsumenten zum Trinken zu animieren.«

Natürlich weiß er, dass geringe Mengen Alkohol der Gesundheit sogar dienlich sein können, doch er hält dagegen: »Würde der Alkohol heute neu erfunden, würde doch kein Pharmakonzern auf die Idee kommen, dieses Produkt als Heilmittel zu vermarkten. Kein Arzt würde seinen Patienten diese Flüssigkeit verschreiben. In Anbetracht der potenziellen Nebenwirkungen des Alkohols würde gewiss niemand einen Grund sehen, ein solches Mittel zu Heilzwecken zu verwenden.«

Mark kennt die Statistiken nur zu genau. »Ein Viertel aller Fälle, die in die Notaufnahme eingeliefert werden, ein Drittel aller Selbstmorde und mehr als die Hälfte aller gewaltbedingten Todesfälle und Gewaltexzesse innerhalb der Familie sind auf Alkohol zurückzuführen. Schweres Trinken ist häufig an allen drei wichtigsten Todesursachen beteiligt: Krebs- und Herzerkrankungen und Schlaganfall. Fast die Hälfte aller tödlichen

Verkehrsunfälle ist alkoholbedingt. Mehr als die Hälfte der Leute, die durch Feuer umkommen, hatten eine Alkoholvergiftung.«

Dann fügt Mark noch hinzu: »Wir können schon froh sein, wenn der Alkohol uns nicht schadet, aber ich kenne niemanden, dem der Alkohol wirklich geholfen hätte.«

Nach Auskunft einer Forschergruppe der Universität des Staates New York in Buffalo hat übermäßiger Alkoholgenuss keinerlei positive Auswirkungen auf die Gesundheit. Anders liegt der Fall bei moderatem Alkoholkonsum.

86.

Reguläre Vitamindosierungen reichen völlig aus

Nehmen Sie am Tag so viele Vitamine zu sich, wie Ihr Körper innerhalb von 24 Stunden benötigt. Deswegen brauchen Sie aber nicht stündlich den 24. Teil oder alle sechs Stunden ein Viertel dieser Menge zu sich zu nehmen. Die Einnahme von Vitaminpräparaten, deren Inhaltsstoffe zeitlich getaktet ausgeschüttet werden, ist völlig überflüssig.

Wenn Sie sich auf Ihrem Einkaufstrip von der Ernährungswissenschaftlerin Nancy Reddick begleiten lassen, erwartet Sie zwischen den Regalen mit all den verschiedenen Vitamin- und Nahrungsergänzungspräparaten ein unsanftes Erwachen.

»Wenn man vor diesem riesigen Überangebot steht, kommt man sich manchmal wie im Wilden Westen vor. Alles scheint möglich. Die Verpackungen prahlen mit den absurdesten Versprechungen.«

Nancy weiter: »Da findet man Produkte, die man gar nicht oder nicht in dieser Menge braucht, und Produkte mit den absurdesten Leistungsprofilen. Und bei den Nahrungsergänzungsmitteln sind der Phantasie der Hersteller überhaupt keine Grenzen mehr gesetzt.«

Nancy fordert den kritischen Konsumenten deshalb auf, sich vor dem Gang in den Drogeriemarkt gründlich zu informieren. »Wenn Ihre Ernährung nicht ausreichend Vitamine und Mineralien hergibt, sollten Sie am besten Ihre Ernährung umstellen. Falls Sie sich diese Mühe jedoch ersparen möchten, sollten Sie zu dem Vitamin greifen, das Ihren Bedürfnissen im Hinblick auf Ihr Alter, Ihr Geschlecht und Ihre Ernährungsgewohnheiten entspricht. Lassen Sie sich nicht durch die Versprechungen einer marktschreierischen Werbung hinters Licht führen. Kaufen Sie nur, was Sie wirklich brauchen.«

Wenn Sie ein Multivitaminpräparat kaufen möchten, können Sie sich das Geld für ein zeitlich getaktetes Mittel sparen. Reguläre Multivitaminpräparate sind genauso wirksam. Das haben Forscher der Tufts University herausgefunden.

87.

Zuwendung ist wie Medizin

Die kleinen Gesten, die uns zu verstehen geben, dass andere es gut mit uns meinen, sind alles andere als banal. Eine Umarmung bedeutet, Zuneigung zu zeigen und zu empfangen, und trägt auf diese Weise zum Stressabbau und zu unserem körperlichen Wohlbefinden bei.

»Wenn man als Arzt zu den Patienten sagt, dass eine Umarmung die beste Medizin ist, schauen einen die anderen etwas merkwürdig an«, sagt Dr. Laura Johnson. »Sind Sie nicht eigentlich für die Verschreibung richtiger Arzneien zuständig?«, scheinen sie zu denken.

Dann fährt Dr. Johnson fort: »Die meisten Menschen glauben, dass der Körper im Grunde genommen bloß eine Maschine ist. Sie meinen, dass man einen Kranken genauso reparieren kann wie eine Maschine: Man muss nur die richtigen Ersatzteile einbauen, und ab geht die Post. Der Unterschied ist jedoch der, dass eine Maschine keine Gefühle hat. Einem solchen Gerät ist es egal, was Sie von ihm halten, wenn Sie ihm ein neues Ersatzteil einbauen. Aber einem Menschen ist das eben nicht egal. Man darf deshalb die Heilkunst nicht nur funktional betrachten, da der Mensch nun einmal mehr als ein mechanisches Wesen ist.«

Dr. Johnson hat sich mit der Frage befasst, wie wichtig zwischenmenschliche Kontakte für Krankenhauspatienten sind. Ein Kriterium war etwa, wie viel Zuspruch die Betreffenden vonseiten des Krankenhauspersonals erhalten und wie oft und wie lange sie von ihren Angehörigen besucht werden. Das Ergebnis ist eindeutig: Jeder braucht eine tägliche Dosis an Zuwendung und Körperkontakt, um sich emotional wohl zu fühlen. Diese Zuwendung ist genauso wichtig wie eine ausgewogene Ernährung und genügend körperliche Bewegung.«

Nach Auskunft einer Studie der Universität North Carolina kann bereits eine kurze Umarmung die Auswirkungen einer Stresssituation auf den Blutdruck und die Herzfrequenz um die Hälfte reduzieren.

88.

Körperliche Aktivität hält auch geistig fit

Regelmäßige körperliche Aktivität, etwa am Anfang ein täglicher Spaziergang, kommt nicht nur Ihrer physischen, sondern auch Ihrer psychischen Gesundheit zugute. Untersuchungen haben gezeigt, dass körperliche Aktivität zugleich auch unser Gehirn besser fit hält.

Sobald die Kinder die Turnhalle betreten, fangen sie an herumzulaufen. Sie wärmen sich auf, legen Sprints ein oder spielen Fangen. Ihr Sportlehrer Nick Cestaro lässt sie sich erst einmal austoben.

»Die Kleinen haben noch so viel Energie, dass sie kaum wissen, wohin damit«, sagt er. Die 25 Kinder von der East-Syracuse-Grundschule leiden im Unterricht allesamt unter Konzentrationsstörungen und dürfen deshalb morgens vor dem Unterricht erst einmal Dampf ablassen.

Das Angebot besteht unabhängig vom regulären Sportunterricht. Dieses »Vor«-Schulprogramm eröffnet den Kindern eine zusätzliche Möglichkeit, ihre überschüssige Energie abzubauen, und es scheint tatsächlich seinen Zweck zu erfüllen. Cestaro und Beth Crump, die die erste Klasse unterrichtet, stimmen überein, dass die zusätzliche sportliche Aktivität den Schülern dabei hilft, sich im Klassenzimmer besser zu konzentrieren. Auch andere Lehrer bestätigen, dass die Kinder im Unterricht weniger herumzappeln und sich besser kontrollieren und länger einer Aufgabenstellung widmen können.

Der Vater eines Kindes, das ebenfalls an dem Programm teilnimmt, weist darauf hin, dass sich der Notendurchschnitt seines Sohnes seither deutlich verbessert hat. »Für ihn ist das eine echt große Hilfe«, erzählt der Vater. »Wenn er jetzt nach Hause kommt, macht er wirklich seine Hausaufgaben. Er hat einfach nicht mehr einen solchen Energieüberschuss. Außerdem freut er sich jeden Morgen auf die Sportstunde. Sein Sportlehrer ist sogar sein großes Idol.«

Nick Cestaro sagt: »Wir haben zunächst mal nur ganz kurzfristige Ziele im Auge. Wenn die Kinder sich nur ein paar Stunden besser konzentrieren können, ist unser Plan schon aufgegangen. Sie kommen jeden Tag gerne in die Stunde, weil es ihnen richtig Spaß macht, sich hier auszutoben. Das ist ganz natürlich. Und es tut ihnen wirklich gut.«

Wissenschaftler der Universität Illinois haben eine Studie durchgeführt, in der sie Männer und Frauen mit einer sitzenden Tätigkeit vor allem auf ihre Fähigkeit hin beobachtet haben, selbst gesetzte Terminvorgaben einzuhalten, Entscheidungen zu treffen und auch durchzuführen und sich an sich verändernde Bedingungen anzupassen. Dann verordneten die Forscher der einen Hälfte der Versuchspersonen einen täglichen Spaziergang, der anderen Hälfte hingegen nicht. Als die Probanden sechs Monate später erneut getestet wurden, fiel die Leistungsbilanz der körperlich aktiven Teilnehmer um 25 Prozent positiver aus als die der Vergleichsgruppe. Die inaktiven Teilnehmer zeigten deutlich weniger mentale Fortschritte.

89.

Gerade Feiertage bergen Gesundheitsrisiken

An den großen Feiertagen des Jahres sind es vor allem zwei Faktoren, die Ihrer Gesundheit abträglich sein können. Erstens: Wenn die ganze Familie gemütlich beisammen ist, kommen häufig allzu fettreiche Mahlzeiten auf den Tisch. Zweitens überfrachten viele Leute diese Tage mit völlig überzogenen Erwartungen, was innerhalb der Familie leicht zu Konflikten führen kann. Dieser Stress wiederum veranlasst manch einen, sich durch noch zügelloseres Essen schadlos zu halten. Genießen Sie deshalb solche Feiertage einfach, ohne sich davon zu viel zu erhoffen. Sprechen Sie dem guten Essen ruhig etwas reichlicher zu als sonst, hüten Sie sich jedoch vor »Fressorgien«. Ernährungswissenschaftler empfehlen, an solchen Tagen vor dem Essen Wasser zu trinken beziehungsweise ein oder zwei Stunden vor den Mahlzeiten einen leichten Imbiss zu sich zu nehmen. Hilfreich ist es auch, wenn Sie vor und nach opulenten Mahlzeiten möglichst viel spazieren gehen.

Seit sie verheiratet ist, hat Monica fast jedes Jahr Thanksgiving bei der Familie ihres Mannes in Ohio verbracht. Dieses Jahr hat das Paar die Einladung jedoch ausgeschlagen. Da der Sohn der beiden inzwischen fast drei Jahre alt ist, möchten sie lieber zu Hause bleiben und in ihrer kleinen Familie eine eigene Festtagstradition begründen.

Das hat leider dazu geführt, dass Monica jetzt in der Familie ihres Mannes als böse Schwiegertochter gilt, die mit einer alten Familientradition brechen will. »Ich habe in dieser Geschichte natürlich den Schwarzen Peter«, sagt Monica. »Meine Schwiegermutter fühlt sich durch mein Verhalten brüskiert. Angeblich will ich ihren Sohn dem Schoß der Familie entreißen.«

Monica erzählt, dass sie und ihr Mann erheblich unter dem Konflikt leiden, den sie durch ihr Verhalten ausgelöst haben. »Wirklich eine unangenehme Situation«, sagt sie. »Mein Mann weiß beim besten Willen nicht, was er machen soll. Er will seine Mutter und seinen Bruder nicht verletzen, doch andererseits möchte er, dass wir das Fest hier bei uns zu Hause begehen.«

Um die Familie ihres Mannes und ihre eigene Sippe zufrieden zu stellen – immerhin hat sie selbst noch sechs Geschwister –, besucht Monica mit Mann und Kind in der Zeit zwischen Thanksgiving Ende November und Neujahr reihum alle Familienmitglieder. »An zwei Dingen gibt es dabei wirklich keinen Mangel: Stress und Kalorien. Wir schauen bei den anderen immer nur kurz vorbei, deshalb sind sie unzufrieden. Aber selbst wenn wir nur für eine Stunde aufkreuzen, fühlt sich jeder bemüßigt, uns bis obenhin abzufüllen. Geradezu zwanghaft: ›Da ihr schon mal hier seid, müsst ihr auch was essen.‹ Bei mir kommt so viel Zeug im ganzen Jahr nicht ins Haus, geschweige denn innerhalb von nur sechs Wochen. Aber offenbar gibt es nur die eine Wahl: Friss, oder wir sind beleidigt.«

Und so legt Monica jedes Jahr ein paar Pfunde zu, und sucht nun verzweifelt nach einer Strategie, die es ihr erlaubt, alle zufrieden zu stellen, ohne deswegen jedes Mal drei Gänge in sich hineinschaufeln zu müssen. »Es muss doch für dieses Problem eine Lösung geben. Natürlich muss ich lernen, nein zu sagen, aber das ist nicht so einfach, wenn man niemanden vor den Kopf stoßen möchte.«

In der Zeit zwischen Thanksgiving und Neujahr nimmt der durchschnittliche Amerikaner zwischen 1,5 und 2,5 Kilo zu. Das haben Sportphysiologen von der Pennsylvania State University errechnet. Andere Untersuchungen haben ergeben, dass während wichtiger Feiertage die Angstgefühle gegenüber anderen Jahreszeiten um 55 Prozent zunehmen, was dazu führt, dass die Leute mehr essen, um Stress abzubauen.

90.

Richtiges Verhalten auf Langstreckenflügen

Wenn Sie sehr lange aus Platzmangel verkrampft dasitzen und die Luft dazu noch trocken ist, kann dies zu Kreislaufkomplikationen führen und die Entstehung eines potenziell gefährlichen Blutstaus begünstigen. Auf Flugreisen kommen wir fast unvermeidlich in diese Situation. Derartige Kreislaufprobleme lassen sich jedoch meist vermeiden, wenn Sie sich wenigstens fünf Minuten pro Stunde im Flugzeug bewegen, Ihre Beine beim Sitzen nicht übereinander schlagen und sie einmal in der Stunde von den Füßen aufwärts bis zu den Oberschenkeln massieren. Nehmen Sie am Tag vor dem Flug eine Aspirintablette ein und trinken Sie an Bord stündlich mindestens ein Glas Wasser. Meiden Sie Kaffee, Tee und vor allem Alkohol. Außerdem sollten Sie keine zu engen Kleidungsstücke wie z. B. Mieder oder Jeans sowie Schuhe mit hohen Absätzen tragen.

Als Michaels Flugzeug aus New York schließlich in Paris landete, erlitt er einen Kollaps. Die Ärzte sagten, dass sich ein Blutgerinnsel in seiner Lunge festgesetzt und dort eine Embolie verursacht habe. Ein solches Gerinnsel behindert den Blutfluss, sodass die Organe nicht ausreichend mit Blut und Nährstoffen versorgt werden. Lebensbedrohlich wird ein solcher Pfropf, wenn er sich von der Gefäßwand löst, in die Lungenschlagader wandert und dort eine Embolie auslöst, die augenblicklich zum Tod führen kann. Als der französische Arzt beiläufig erwähnte, dass derartige Gerinnsel häufiger bei Personen auftreten, die einen langen Flug hinter sich haben, war Michael nach eigenem Bekunden aufrichtig schockiert.

Seither bedrängt er die Fluggesellschaften, die Passagiere auf das Risiko aufmerksam zu machen und sie darüber zu informieren, was bei einer Tiefenvenenthrombose oder einer Lungenembolie zu tun ist. Michael hat sogar eine eigene Webseite eingerichtet, auf der man sich Rat holen kann.

Er verweist zudem auf Statistiken, denen zufolge zehn Prozent aller Passagiere über fünfzig nach Langstreckenflügen solche Gerinnsel im Körper haben. Andere Studien belegen ebenfalls das Vorkommen dieser Gerinnsel bei Fernreisenden – Autofahrern wie Flugpassagieren gleichermaßen.

Inzwischen hat sich auch die Weltgesundheitsorganisation WHO des Problems angenommen. Manche internationalen Fluglinien lassen unterdessen einen Warnhinweis auf ihre Tickets drucken oder zeigen vor dem Start Aufklärungsvideos. Erfreulich ist immerhin der Umstand, dass die meisten dieser Gerinnsel sich von alleine – also ohne medizinische Intervention – wieder auflösen. Das heißt: Selbst wenn solche Gerinnsel häufig vorkommen mögen, scheinen sie den meisten Menschen gesundheitlich keinen Schaden zuzufügen.

Forscher der Saitama-Medizinhochschule im japanischen Moroyama haben herausgefunden, dass die Bedingungen, unter denen der durchschnittliche Fluggast reist, die Blutversorgung um fünf Prozent reduziert, dass sich diese Wirkung jedoch durch ausreichende Flüssigkeitsaufnahme und durch Dehn- und Streckübungen vermeiden lässt.

91.
Mehr Therapie ist nicht unbedingt die beste Therapie

»Tun Sie alles, was in Ihrer Macht steht, Herr Doktor!« Das ist zwar eine ganz natürliche, der eigenen Gesundheit jedoch nicht unbedingt zuträgliche Reaktion. Ein Mehr an therapeutischer Betreuung oder der Gang von Arzt zu Arzt garantiert noch nicht, dass es Ihnen danach gesundheitlich besser geht.

Immer neue Forschungsergebnisse stellen die medizinische Fachwelt vor die Frage, ob eine therapeutische Überversorgung tatsächlich im Interesse des Patienten liegt.

Die Experten weisen darauf hin, dass auf manchen Spezialgebieten, aber auch in bestimmten geographischen Regionen ein beträchtliches Überangebot an Ärzten und Krankenhausbetten zu verzeichnen ist. Unter solchen Umständen kann es deshalb leicht passieren, dass das Angebot die Nachfrage steuert. Mehr Krankenbetten in einer Region bedeuten mehr Krankenhaustage, ohne dass dies die gesundheitliche Situation der betroffenen Patienten nachhaltig verbessern würde. Mehr Fachärzte bedeuten, dass auch die Zahl der Besuche beim Facharzt und die damit einhergehenden hoch spezialisierten Diagnose- und Behandlungsprozeduren zunehmen.

»Wenn es doppelt so viele Ärzte gäbe, würden die Patienten auch doppelt so oft einen Arzt konsultieren«, sagt Dr. John E. Wennberg von der Dartmouth Medical School, wo man sich um die Erforschung dieser Zusammenhänge bemüht. »Auf die gesamte Lebensspanne eines Menschen umgerechnet bedeutet dieser Mehraufwand im Allgemeinen nur ein Mehr an meist unangenehmen medizinischen Maßnahmen, etwa eine intensivmedizinische Betreuung oder ein Dahinvegetieren bei künstlicher Beatmung und Ernährung etc.«, erklärt Dr. Wennberg.

»Wenn man wissen möchte, in welchem Umfang medizinische Dienstleistungen in Anspruch genommen werden, muss man sich nur über die Angebotssituation auf dem Medizinmarkt informieren«, sagt Dr. Donald M. Berwick, der Vorsitzende des Instituts zur Verbesserung des Gesundheitswesens (Institute for Healthcare Improvement), einer gemeinnützigen Organisation in Boston. Dann fügt er noch hinzu: »Es gibt einfach zu viele Belege dafür, dass mehr nicht unbedingt besser, sondern häufig sogar viel, viel schlechter ist.«

Eine Studie der Dartmouth Medical School belegt, dass etwa ein Drittel aller medizinischen Maßnahmen nichts zur Verbesserung der Gesundheit der Patienten beitragen. Patienten, die intensiver therapeutisch betreut werden, haben weder eine höhere Lebenserwartung, noch sind sie mit ihrer medizinischen Betreuung überdurchschnittlich zufrieden.

92.

Vorsicht und Angst sind nicht dasselbe

Die Horrornachrichten, mit denen die Medien uns Tag für Tag überschwemmen, bieten in der Tat Anlass zur Besorgnis. Trotzdem müssen wir lernen, zwischen realen Gefahren, die uns drohen, und jenen seltenen Katastrophen zu unterscheiden, die die gesamte Weltöffentlichkeit aufrütteln. Die Medien machen nämlich im Allgemeinen kaum einen Unterschied zwischen echten Bedrohungen, die jedermann betreffen und uns natürlich eine Reaktion abverlangen, und jenen unvorhersehbaren Heimsuchungen, deren Vermeidung nicht in unserer Hand liegt. Deshalb sollten Sie sich unbedingt klar machen, dass einige der grauenhaftesten und denkwürdigsten Tragödien gerade deshalb so denkwürdig sind, weil es sich dabei um äußerst seltene Vorkommnisse handelt.

Im April 1999 tauchten zwei Schüler mit Schnellfeuerwaffen in der Columbine High School in Colorado auf. Sie töteten und verletzten mehrere Lehrer und Mitschüler. »Das ganze Land war plötzlich in Aufruhr und befürchtete, dass unsere Schulen nicht mehr sicher sind. Dabei belegen die Tatsachen ganz klar, dass wir heute sicherer leben denn je«, sagt Glenn Muschert von der Purdue-Universität in Indiana.

»Es ist wesentlich wahrscheinlicher, dass ein Kind zu Hause ums Leben kommt, an Drogenmissbrauch stirbt, vom Blitz getroffen oder von einem betrunkenen Autofahrer überfahren wird, als dass es in der Schule sein Leben verliert. Unsere Schulen sind relativ sicher, doch der Columbine-Vorfall hat dazu geführt, dass die Amerikaner jetzt Angst um ihre schulpflichtigen Kinder haben.«

Obwohl unsere Schulen im Vergleich mit anderen Lebensbereichen sicher sind, will es uns trotzdem anders erscheinen, weil wir uns durch die Berichterstattung der Medien persönlich getroffen fühlen. »Meine Forschungsergebnisse zeigen, dass unsere Reaktionen weit über das eigentliche Ereignis, die Opfer und die Folgen dieses Anschlags hinauswiesen«, sagt Professor Muschert. »Wegen der massiven medialen Berichterstattung über dieses Ereignis, das in einem Vorort von Denver stattfand, hatten die Leute das Gefühl, als ob sich der schreckliche Vorfall in der Schule direkt um die Ecke abgespielt hätte.«

Die durch die Geschehnisse an der Columbine High School und ähnliche Zwischenfälle ausgelöste Angst erzeugt laut Professor Muschert in uns eine völlig übertriebene Vorstellung von dem Gewaltrisiko, dem unsere Kinder ausgesetzt sind. Wenn man sich einmal näher mit der journalistischen Darstellung von Verbrechen befasst, in die High-School-Schüler verwickelt sind, begreift man auch, warum die Amerikaner glauben, dass es immer mehr solcher Gewaltakte gibt, obwohl dies in Wahrheit nicht der Fall ist, behauptet der Professor. »Jugendliche werden immer häufiger in die Kategorien Gewalttäter oder -opfer eingeordnet«, so Muschert weiter. »Diese Wahrnehmung, wie sie auch in der Berichterstattung über die Vorfälle an der Columbine High School zutage tritt, begründet eine von den wirklichen Verhältnissen völlig losgelöste Kultur der Angst.«

Forscher der Universität Kentucky haben ermittelt, dass wir im Allgemeinen gerade die Dinge am meisten fürchten, die uns mit der geringsten Wahrscheinlichkeit zustoßen werden.

93.
Überlegen Sie sich genau, wonach Sie verlangen

In sämtlichen Medien – ob im Fernsehen, in der Zeitung oder in Hochglanzmagazinen – stößt man unweigerlich auf Pharmawerbung. »Fragen Sie Ihren Arzt« nach einem neuen Medikament, heißt es dort. Und dann folgen wahre Hymnen über die unglaublichen Eigenschaften des neuen Wundermittels. Und wenn die Leute ihren Arzt dann nach dem Präparat fragen? In den meisten Fällen wird Ihnen der Arzt das gewünschte Mittel verschreiben. Doch statt von Ihrem Arzt eine bestimmte Arznei zu verlangen, sollten Sie lieber mit ihm über Ihre gesundheitliche Situation sprechen und fragen, ob er die Einnahme eines Medikaments überhaupt für erforderlich hält.

In den USA nimmt die Werbung für verschreibungspflichtige Medikamente in den Medien rasant zu. Das Gleiche gilt für die finanziellen Aufwendungen der Konsumenten für derartige Produkte.

Kritiker sehen hier einen Zusammenhang. Sie sagen, dass die Werbung die Menschen dazu verleitet, pharmazeutische Mittel zu kaufen, die sie eigentlich gar nicht brauchen, und so die Kosten des ohnehin schon überlasteten Gesundheitswesens künstlich noch weiter in die Höhe treibt.

Laut Nancy Chockley, der Vorsitzenden des Nationalen Instituts für Kostenkontrolle im Gesundheitswesen (National Institute for Health Care Management), hat der Verkauf von Pharmaprodukten in den USA von 1999 bis 2000 um 21 Milliarden Dollar zugenommen. Dabei entfällt etwa die Hälfte dieses Zuwachses auf die 50 am meisten beworbenen derartigen Produkte, der Rest auf weitere 9800 Medikamente.

Um zu veranschaulichen, wohin dieser – wie sie meint – beunruhigende Trend führt, verweist sie auf die eklatanten Preisunterschiede zwischen rezeptfreien und verschreibungspflichtigen Arthritismitteln. »Klinische Forschungen belegen, dass beide Arten von Präparaten die gleiche Wirkung haben. Nur dass die verschreibungspflichtigen Mittel 40-mal so teuer sind wie die rezeptfreien. Seit die rezeptpflichtigen Medikamente jedoch massiv beworben werden, sind immer mehr Ärzte dazu übergegangen, diese Mittel auch tatsächlich zu verschreiben.«

Dann fährt Nancy Chockley fort: »Es ist für einen Arzt sehr schwierig, Ihnen diese Präparate vorzuenthalten. Wenn Sie das Mittel unbedingt wollen, schreibt der Arzt Ihnen umgehend ein entsprechendes Rezept, und Sie gehen zufrieden Ihrer Wege. Wenn der Arzt einem Patienten hingegen erklärt, dass der dieses Präparat gar nicht braucht, dann denkt der Patient sofort: ›Hm, er nimmt mir also meine Schmerzen nicht ab.‹ Dann muss der Arzt umständlich irgendwelche Erklärungen abgeben, und der

Patient kommt frustriert wieder aus dem Sprechzimmer.« Chockley weist ferner darauf hin, dass die meisten Ärzte nach eigenem Bekunden schon Arzneien verschrieben haben, die sie eigentlich für überflüssig hielten, bloß weil der Patient dies von ihnen verlangte.

Die amerikanische Gesundheitsbehörde Food and Drug Administration hat festgestellt, dass 69 Prozent der Ärzte ein Mittel verschreiben, wenn der Patient unter Verweis auf die Werbung danach verlangt.

94.
Machen Sie es sich leicht, gesund zu leben

Wenn wir gesundheitsrelevante Entscheidungen treffen, neigen die meisten von uns dazu, den damit einhergehenden Energie- und den finanziellen Mehraufwand hochzurechnen. Sorgen Sie deshalb bereits bei der Auswahl ihres Wohnumfeldes und bei der Einteilung Ihres Tagesablaufs dafür, dass Ihnen ein gesundheitsbewusstes Verhalten nicht unnötig erschwert wird.

Dennis war früher bei der US-Navy und lebt jetzt an der Westküste von Florida. Als die Veterans Administration (VA) zugleich mit ihren sozialen Einrichtungen auch ihr Gesundheitszentrum nach Bay Pines, Florida, verlegte, begriff er sofort, dass dies für ihn nur von Vorteil sein konnte.

Dennis nahm sowohl die medizinischen Einrichtungen der VA als auch die Berufsberatung der Organisation in Anspruch. »Als diese beiden Institutionen noch 80 Kilometer voneinander entfernt ansässig waren, musste man sich stets entscheiden, ob man nun den Service der einen oder

der anderen Einrichtung in Anspruch nehmen wollte. Inzwischen befinden sie sich am selben Ort. Deshalb kann ich heute eine ärztliche Untersuchung, auf die ich sonst vielleicht verzichtet hätte, weil mir die Anreise zu weit gewesen wäre, vornehmen lassen. Ich habe nämlich jetzt alle für mich relevanten VA-Institutionen gleich in der Nähe.«

»Früher«, fügt Dennis dann noch hinzu, »haben manche meiner Freunde gedacht, dass die VA diese Dienststellen absichtlich an verschiedenen Orten eingerichtet hat, damit wir Veteranen sie nicht über Gebühr in Anspruch nehmen. Aber das glaubt jetzt niemand mehr. Für viele Veteranen ist die neue Situation eine große Erleichterung.«

Die Veteranenbehörde hat aber auch ihr Informationssystem so umgestellt, dass Veteranen jetzt gleich an jemanden verwiesen werden, der mit ihrem Fall vertraut ist, und nicht mehr von einer Stelle zur nächsten weitergereicht werden. »Wir bemühen uns, unseren Klienten die Dinge so leicht wie möglich zu machen«, sagt die VA-Sprecherin Margaret Macklin, »weil wir festgestellt haben, dass unsere Dienstleistungen umso hilfreicher sind, je weniger bürokratisch wir uns organisieren.«

Eine Studie der Duke-Universität hat ergeben, dass von den Menschen, die in der Nähe eines Krankenhauses wohnen, 15 Prozent eher bereit waren, eine von ihrem Arzt empfohlene Therapie in Anspruch zu nehmen als eine andere Therapie, die weniger Krankenhausbesuche erfordert hätte.

95·

Trinken Sie Wasser nicht gleich eimerweise

Gesundheitsbewusste Menschen trinken heutzutage viel Wasser, und das zu Recht. Wasser ist das gesündeste Getränk und sollte einen beträchtlichen Teil Ihrer Flüssigkeitsaufnahme ausmachen. Es besteht jedoch kein Grund, beim Wasserkonsum immer neue Rekorde aufzustellen. Die positiven Wirkungen eines regelmäßigen Wasserkonsums lassen sich nicht beliebig verstärken, indem Sie das kostbare Nass kübelweise in sich hineinschütten. Sie müssen sich nicht zwingen, Wasser zu trinken.

Dr. Heinz Valtin von der Dartmouth Medical School hat sich intensiv mit den gesundheitlichen Folgen des Wasserkonsums beschäftigt. Er sagt, dass es schlechterdings keinen Beleg für die Richtigkeit der verbreiteten Annahme gibt, der zufolge man acht Gläser Wasser am Tag trinken sollte.

Dr. Valtin ist Nierenspezialist und hat zwei weit verbreitete Fachbücher über die Nierenfunktion und den Wasserhaushalt geschrieben. Er hat deshalb versucht, den Ursprung dieser Auffassung zu ergründen und wissenschaftliche Belege für ihre Stichhaltigkeit zu finden. Dabei hat er festgestellt, dass verschiedenste Experten zur Verbreitung dieses Mythos beigetragen haben: Autoren von Gesundheitsratgebern, Ernährungswissenschaftler, ja sogar Ärzte. Dr. Valtin hegt Zweifel an der Stichhaltigkeit ihrer Argumente. Ja, er findet es sogar »schwer vorstellbar, dass die Evolution uns mit einem chronischen Wasserdefizit ausgestattet hat, das sich nur durch einen möglichst hohen H_2O-Konsum ausgleichen lässt«.

Trotzdem lassen sich viele Menschen von der 8-Gläser-pro-Tag-Regel leiten. Aber wie ist diese Auffassung nun entstanden? Dr. Valtin glaubt, ihren Ursprung auf die Empfehlung der Ernährungswissenschaftlichen Sektion des Nationalen Forschungsrates zurückführen zu können, der zufolge wir »pro Kalorie einen Milliliter Wasser« zu uns nehmen sollen, was sich auf etwa 2,5 Liter Wasser pro Tag belaufen würde. Bereits im nächsten Satz konstatiert das Gremium allerdings: »Ein Großteil dieser Menge ist schon in den üblichen Lebensmitteln enthalten.« Doch dieser letzte Satz ist offenbar in der öffentlichen Wahrnehmung untergegangen, sodass aus der Empfehlung fälschlich auf die täglich benötigte Wassermenge geschlossen wurde.

Aber was spricht eigentlich gegen die 8-Gläser-Regel, selbst wenn sie sich wissenschaftlich nicht bestätigen lässt? »Es ist eine Tatsache, dass selbst Wasser schädlich sein kann. Zu viel davon kann die Nieren überfordern«, erklärt Dr. Valtin.

Eine Studie der Pennsylvania State University hat ergeben, dass die Lebensmittel, die wir üblicherweise an einem Tag zu uns nehmen, bereits 100 Prozent der von Experten empfohlenen Wassermenge enthalten.

96.

Für die Gesundheit am allerwichtigsten: die richtige Lebensweise

Wir sehen im Fernsehen Berichte über die neuesten Wundermittel oder -therapien, die neuesten und teuersten Medikamente gegen alle möglichen Beschwerden. Dabei wird uns allerdings meist vorenthalten, dass unsere Gesundheit nicht in erster Linie von den neuesten Errungenschaften der Medizintechnik abhängt. Viel wichtiger ist, wie wir uns im Alltag verhalten. Wenn wir Freude am Leben haben und uns mit unseren Mitmenschen gut verstehen, trägt dies auch dazu bei, dass wir gesund bleiben und nicht vor der Zeit altern.

Nachdem sie sich fast 20 Jahre mit diversen Diäten herumgeplagt hatte, sah Beth endlich ein Licht am Ende des Tunnels. Vor inzwischen zwei Jahren las sie in einer Zeitschrift etwas über ein rezeptpflichtiges Mittel, das die Fettresorption im Verdauungstrakt unterbindet. Sie sprach mit ihrem Arzt, und der verschrieb ihr auch sofort einen Monatsvorrat von dem Präparat.

Doch schon bald merkte Beth, dass das Mittel eine ziemlich unangenehme Nebenwirkung hatte: unvermittelte Durchfallattacken. Das Präparat soll den Anwender nämlich dazu bringen, sich fettarm zu ernähren, deshalb sorgt es dafür, dass der Körper überschüssiges Fett mit dem Stuhl ausscheidet. Doch obwohl Beth bei ihren Mahlzeiten auf eine fettreiche Kost verzichtete, musste sie ungefähr eine halbe Stunde nach dem Essen jedes Mal »fluchtartig eine Toilette aufsuchen«, wie sie erzählt.

Je länger sie darüber nachdachte, umso zweifelhafter erschien ihr das ganze Konzept. »Man kann doch nicht ständig ein pharmazeutisches Präparat einnehmen«, sagt sie. »Und sobald man das Mittel absetzt, nimmt man sofort wieder zu und fällt in die alten Gewohnheiten zurück, die ja der eigentliche Grund für das Übergewicht sind.«

So gelangte Beth zu der Erkenntnis: »Wenn man nicht bereit ist, sein Leben zu ändern, sind solche Patentlösungen ohnehin total sinnlos.« Nachdem sie das Mittel abgesetzt hatte, reduzierte Beth deshalb ihre tägliche Kalorienzufuhr und unternahm jeden Tag einen »strammen« Spaziergang.

Heute ist sie froh, dass sie ihre ganze Lebensweise umgestellt hat, statt nur immer auf ihr Gewicht zu starren. »Ich versuche mich gesünder zu ernähren, mir mehr Bewegung zu verschaffen und mich nicht selbst zu verachten, wenn die Pfunde mal nicht so purzeln, wie ich es mir vorgestellt habe«, sagt sie. »Das ist außerdem viel leichter, seit ich mich dabei wesentlich stärker als früher auf meine Freunde und meine Angehörigen stütze und die kleinen Dinge des Lebens mehr zu schätzen weiß. Außerdem fühle ich mich erheblich besser, seit ich nicht mehr ständig nach der nächsten Toilette Ausschau halten muss.«

Eine Studie der Universität Kalifornien in Los Angeles hat ergeben, dass Menschen, die ihr Privatleben als zufriedenstellend bezeichnen, eine um 24 Prozent höhere Wahrscheinlichkeit haben, die durchschnittliche Lebenserwartung zu übertreffen als Vergleichspersonen.

97 ·
Haustiere tragen zu Ihrer Gesundheit bei

Es gibt nicht viele Dinge im Leben, die verlässlich Freude und Ruhe schenken. So ein Quell der Freude ist ein Haustier. Haustiere sind uns in bedingungsloser Liebe und Verlässlichkeit zugetan und sind uns auch dann noch ein Trost, wenn es uns einmal nicht so gut geht. Deswegen kommt ein Leben mit einem Haustier tatsächlich unserer Gesundheit zugute.

In Wendys Familie hat es, solange sie zurückdenken kann, schon immer einen Hund gegeben. »Wenn man nach einem langen schweren Arbeitstag nach Haus kommt, wer ist der Erste, der einen an der Tür begrüßt? Bei mir zu Hause ist das Arthur, unser Irish Setter. Er vollführt wahre Freudensprünge und tanzt laut bellend im Kreis herum. Dann schaut er einen mit liebevollen Augen an und vermittelt einem den Eindruck, dass er der glücklichste Hund der Welt ist, bloß weil man wieder mal nach Hause gekommen ist«, erzählt Wendy.

Früher hat Wendy sich vor allem über Arthurs Liebe und Zuneigung gefreut. Doch dann erzählte ihr eine Freundin, die unter Krebs litt, dass der Arzt ihr aus therapeutischen Gründen einen Hund »verschrieben« habe.

Wendy fing an, Bücher über das Thema »Haustiere und Gesundheit« zu lesen. »In einer Studie haben 97 Prozent der befragten Haustierbesitzer angegeben, dass ihr Tier ihnen mindestens einmal am Tag ein Lächeln entlockt. 76 Prozent meinten, dass ihr Tier ihnen dabei hilft, Stress abzubauen. Hundebesitzer gehen übrigens auch seltener zum Arzt als andere Leute.«

Natürlich hat Wendy ihren Irish Setter schon immer über alles geliebt, doch inzwischen bringt sie dem Tier noch mehr Dankbarkeit entgegen als früher. »Anfangs haben wir in ihm eine Art Wachhund für das Haus gesehen, doch jetzt wissen wir, dass er sogar unsere Gesundheit beschützt.«

Forscher der State University of New York in Buffalo haben herausgefunden, dass bei Menschen, die ein Haustier halten, die Wahrscheinlichkeit, unter Bluthochdruck zu leiden, um 15 Prozent geringer ist als bei Vergleichspersonen.

98.

Je älter Sie werden, desto besser schmeckt Ihnen Gemüse

Hier eine ermutigende Information für alle, die es mühsam finden, sich gesund zu ernähren: Je älter Sie werden, desto besser schmeckt Ihnen Gemüse. Woher wir das wissen? Auf vage Vermutungen stützt diese Behauptung sich jedenfalls nicht. Tatsache ist, dass sich die Geschmacksknospen und somit unsere Vorlieben für bestimmte Gerichte mit zunehmendem Alter verändern.

»Viele Leute essen nicht gerne Gemüse, und aus der Sicht der Pflanzen beruht dieses Gefühl gewiss auf Gegenseitigkeit«, sagt Dr. Adam Drewnowski, Leiter des Ernährungswissenschaftlichen Instituts der Universität Washington. Seine Forschungen haben wieder einmal bestätigt, dass unser Wunsch nach schmackhaften Lebensmitteln sich nicht so ohne weiteres mit der Notwendigkeit einer gesunden Ernährung unter einen Hut bringen lässt.

»Pflanzen versuchen Fressfeinde abzuwehren, indem sie toxische Bitterstoffe ausscheiden. Doch in kleinen Mengen sind diese Phenole, Flavonoide, Isoflavone und sonstigen chemischen Substanzen sogar gut für unsere Gesundheit.«

Unsere Abneigung gegen derartige Bitterstoffe ist angeboren. Der Mensch und seine Verwandten im Tierreich reagieren nämlich auf bittere und saure Geschmacksempfindungen zunächst mit der instinktiven Vermutung, sich etwas Verdorbenes oder Giftiges in den Mund gesteckt zu haben. Deshalb ist die Gemüsebranche schon seit Jahren darum bemüht, diese eher unangenehmen Geschmacksnuancen durch selektive Züchtung und geeignete Verarbeitungsverfahren aus ihren Produkten zu entfernen, wobei allerdings auch einige Nährstoffe auf der Strecke bleiben.

»Der Trick besteht darin, bitter schmeckende, aber gesunde Lebensmittel durch die richtige Zubereitung dennoch schmackhaft zu machen«, sagt Dr. Drewnowski. Sein Rat: Lassen Sie sich von der mediterranen Küche inspirieren, wo man bitterstoffreiche Gemüse mit etwas Salz und einem Schuss Olivenöl zubereitet. Das Öl nimmt den Speisen den bitteren Geschmack und wirkt sich zudem noch positiv auf Ihre Gesundheit aus.

Was jedoch laut Dr. Drewnowski noch wichtiger ist: Unsere Empfindlichkeit gegenüber Bitterstoffen nimmt mit zunehmendem Alter ab. »Deshalb wird Ihnen Gemüse noch besser schmecken, wenn Sie erst mal älter sind.«

Eine Studie der Universität Washington hat ergeben, dass unsere Geschmacksknospen sich mit zunehmendem Alter verändern und dabei auch ihre Empfindlichkeit gegenüber Bitterstoffen teilweise einbüßen. Deshalb erscheinen uns manche gesunden Lebensmittel in späteren Lebensjahren deutlich schmackhafter. Acht von zehn älteren Menschen erwähnten in der Studie eine wachsende Vorliebe für grüne Gemüse, Vollkornprodukte und bittere Zitrusfrüchte, etwa Grapefruits oder Zitronen.

99.
Bleiben Sie Ihren Vorsätzen treu

Menschen, die ihren Ankündigungen wirklich Taten folgen lassen, sind meist gesünder als jene, die es an der nötigen Konsequenz fehlen lassen. Bemühen Sie sich deshalb um verlässliche Lebensgewohnheiten, der Rest – Gesundheit und andere Belohnungen – folgt ganz von selbst.

Der Psychologieprofessor Alan Christensen von der Universität Iowa hat stichhaltige Belege dafür entdeckt, dass unsere ganze Lebenseinstellung Auswirkungen auf unsere Gesundheit hat. »Menschen, die sich auf sich selbst verlassen können, fühlen sich deutlich besser«, sagt er.

»Diese Zuverlässigkeit geht nämlich meistens mit Fleiß, einem hohen Maß an Selbstbeherrschung und der Bereitschaft einher, persönliche Herausforderungen anzunehmen. Hinzu kommt ein Gefühl der Verpflichtung, einmal gefasste Vorsätze ohne Widerwillen einzuhalten.«

Professor Christensen meint, dass eine Erfolg versprechende Therapie die ganze Lebenseinstellung des kranken Menschen genauso zu berücksichtigen hat wie die organische Symptomatik als solche. »Wir alle kennen Menschen, die unter Angst und Antriebsschwäche leiden. Meist denken wir über sie bloß: ›Na ja, so ist er/sie nun einmal‹ und vergessen dabei gerne, dass die Lebenseinstellung auch das körperliche Wohlbefinden in hohem Maße beeinflusst. Deshalb sind so geartete Persönlichkeitszüge überhaupt nicht belanglos, weil sie letztendlich die Lebenserwartung des/der Betreffenden verkürzen können.«

Obwohl wir im Allgemeinen davon ausgehen, dass derartige Persönlichkeitszüge sich nicht so ohne weiteres verändern lassen, ist Professor Christensen davon überzeugt, dass wir an unserer Verlässlichkeit durchaus arbeiten können. Außerdem sollten die Ärzte sich intensiver mit der Frage befassen, welche persönlichkeitsbedingten Risikofaktoren für einen Patienten besonders bedrohlich sind, und dann erst die nötigen therapeutischen Maßnahmen ergreifen.

Wissenschaftler der Universität Iowa haben in einer Studie über chronische Erkrankungen herausgefunden, dass gewissenhafte, zielorientierte und verlässliche Kranke eine um 36 Prozent höhere Chance haben, die durchschnittliche Lebenserwartung zu erreichen, als Vergleichspersonen, denen diese Eigenschaften fehlen.

100.

Absolute Gesundheit – eine Rarität

Eine gesundheitsbewusste Lebensführung ist sehr wichtig. Gefährlich wird es hingegen, wenn die Fixierung auf Gesundheitsfragen zwanghafte Ausmaße annimmt. Die eine oder andere gesundheitliche Unpässlichkeit ist nämlich ganz normal. Deshalb kann es nur unser Ziel sein, gesundheitliche Probleme zu minimieren, und nicht etwa, sie völlig ausschalten zu wollen.

Corbin Lacina rät seinen Mannschaftskameraden von den Minnesota Vikings, sich bester Laune zu zeigen, wenn sie am ersten Tag des einmonatigen Trainingslagers, das der regulären Saison vorausgeht, zum ersten Mal das Football-Spielfeld betreten. »Und vergesst nicht, wie schön dieses Gefühl ist, denn etwas Ähnliches werdet ihr in den kommenden sechs Monaten nicht mehr erleben.«

Auch seine Kameraden geben freimütig zu, dass der erste Tag nach einem Spiel für sie jedes Mal das Schlimmste an ihrem Beruf ist. »Manchmal ist das kaum zu ertragen«, sagt zum Beispiel Lacinas Teamkamerad Byron Chamberlain. »Man wacht Montagmorgen auf und hat das Gefühl, dass es einfach unerträglich ist, aus dem Bett zu steigen. Ich hab wirklich schon öfter gedacht: ›Wie soll ich das überhaupt schaffen?‹«, erzählt Byron. »Und in der dritten, vierten Woche der Saison kann es schon vorkommen, dass man denkt: ›Jetzt hab ich noch zwölf Spiele vor mir, wie halte ich das nur aus?‹«

Chris Walsh, ein Spitzenspieler der Vikings, erklärt: »Man sagt, dass ein Spiel genauso schlimm ist wie 20 oder 30 Autounfälle.«

Trotzdem überstehen die meisten Spieler die wöchentlichen Begegnungen unverletzt. Dennoch leiden sie beim Training und während des Spiels ständig unter immenser Verletzungsangst.

Im Weltbild der National Football League kommt die Vorstellung, jemand könnte rundum gesund sein, überhaupt nicht vor. »Völlig gesund sind nur Spieler, die nicht zum Einsatz kommen«, sagt in diesem Zusammenhang Mike Tice, der Trainer der Vikings.

»Man wird nur im Laufe der Zeit unempfindlicher gegen die zahllosen Wehwehchen. Man muss einfach akzeptieren, dass man sich in der Saison nun mal so fühlt«, erklärt Corbin achselzuckend. Es gibt allerdings einen Weg, die Spieler über ihre Schmerzen hinwegzutrösten, und zwar einen Sieg. »Klar doch«, sagt Byron, »wenn man gewinnt, ist alles etwas leichter. Und wenn man verliert, tut einem alles noch ein bisschen mehr weh.«

Forscher der Emory-Universität haben festgestellt, dass sich nicht einmal 19 Prozent der Amerikaner als vollkommen gesund einstufen lassen (wobei im Detail natürlich die körperliche und mentale Gesundheit gegenüber etwaigen Krankheitssymptomen deutlich überwiegt).

Dank

Ich bin dankbar für die hervorragende Arbeit, die Gideon Weil, Liz Winer und Mitarbeiter von HarperSanFrancisco geleistet haben. Sie haben dazu beigetragen, dieses Buch zu einem nützlichen Werkzeug zu machen.

Ich danke auch meiner Agentin Sandy Choron, deren Interesse an diesem Projekt und deren Zuversicht sehr wertvoll für mich waren.

Die Quellen

»100 Million Americans Live with Aching Backs«, *Spine*, 2002
»Age Affects Taste of Vegetables«, University of Washington, Seattle (Washington), 2003
»Air Pollution Linked to Increased Medical Care and Costs for Elderly«, *Health Affairs*, 2002
»Airport Noise Impairs Long-Term Memory and Reading«, *Psychological Science*, 2002
»Allergies interfere with Life«, American College of Allergy, Asthma and Immunology, Arlington Heights (Illinois), 2002
»An Aspirin a Day to Keep Cancer Away?«, Mayo-Klinik, Rochester (Minnesota), 2002
»Breathing and Blood Flow«, Harvard University, Cambridge (Massachusetts), 2003
»Caffeine-Signalling Activity in Brain Function«, *Nature*, 2002
»Can Forgiveness Make the Immune System stronger?«, University of Maryland, College Park (Maryland), 2002

»Checklist of Claims May Signal Trouble on Internet Cancer-Treatment Sites«, *Psychosomatics*, 2003

»Choosing the Right Drink for Fluid Replacement«, Geisinger-Wyoming Valley Human Motion Institute, Wilkes-Barre (Pennsylvania), 2002

»Columbine News Coverage Misled Nation Down Fearful Road«, Purdue University, West Lafayette (Indiana), 2003

»Common Painkiller May Hinder Aspirin's Effects, Mayo-Klinik, Rochester (Minnesota), 2002

»Commonly Used Medicines May Delay or Prevent Alzheimer's Disease«, *Neurology*, 2002

»Connection Between Personality, Death Among Chronically Ill«, *Health Psychology*, 2002

»Distance to Treatment Center and Mastectomy vs. Lumpectomy«, *International Journal of Radiation Oncology, Biology, and Physics*, 2003

»Effect of Dogs and Cats on Health«, *Journal of the American Medical Association*, 2002

»Effects of Contact on Stress«, University of North Carolina, Chapel Hill (North Carolina), 2003

»Effects of Sleep Deficiency«, National Sleep Foundation, Washington, D. C., 2003

»Effects of Time-Release Vitamins«, Tufts University, Boston (Massachusetts), 2003

»Effects on Cognitive Ability of Sedentary Lifestyle, University of Illinois, Champaign-Urbana (Illinois), 2003

»Exposing Anti-Aging Propaganda«, University of Illinois, Chicago (Illinois), 2003
»Fertility and the Mountain Biker«, Universitätsklinik Innsbruck, 2002
»Fire Deaths Without Smoke Detectors«, Centers for Disease Control, Atlanta (Georgia), 2002
»Fit Seniors Better Able to React When Quick Thinking Needed«, *American College of Sports Medicine*, 2002
»Fitness Can Be Free«, University of Richmond, Richmond (Virginia) 2002
»Foods Rich in Folate May Reduce Risk of Stroke«, *Stroke: Journal of the American Heart Association*, 2002
»Fourth of July Safety Advice«, American Academy of Orthopaedic Surgeons, Rosemont (Illinois), 2002
»Ginkgo Fails to Aid Memory in Double-Blind-Study«, *Journal of the American Medical Association*, 2002
»Half of Heart Attack Patients Drive to Hospital«, *Circulation: Journal of the American Heart Association*, 2002
»Health and Nutritional Differences Between Organic Foods and Traditionally Grown Foods«, University of Michigan, Ann Arbour (Michigan), 2003
»Health Benefits of Moderate Drinking May Not Apply to African-Americans«, *Alcoholism: Clinical and Experimental Research*, 2003
»High Hostility May Predict Heart Disease More than Other Risk Factors«, *Health Psychology*, 2002

»Home Injury Found to Be a Major Cause of Deaths«, University of North Carolina, Chapel Hill (North Carolina), 2002
»Household Mold Scares: Small Amounts Not a Big Health Concern«, May Clinic, Rochester (Minnesota), 2003
»Ideal Body Images«, U. S. Department of Health and Human Services, Washington, D. C., 2002
»Insect Repellent Study Reveals Widely Varied Protection Levels«, *New England Journal of Medicine*, 2002
»Involuntary Smoke Exposure Affects Asthma Severity Among Children«, *Chest*, 2002
»Jogging Every Day May Keep Alzheimer's Away«, *Trends in Neurosciences*, 2002
»Journal Writing Can Alleviate Illnesses«, *Journal of the American Medical Association*, 1999
»Large Doses of Vitamins and Minerals May Put Prostate Cancer Patients at Risk«, *International Journal of Radiation Oncology, Biology, and Physics*, 2002
»Lawn Mower Safety Could Save Life and Limb this Summer«, University of Michigan, Ann Arbor (Michigan), 2003
»Link Between Grape Juice Consumption and Lowered Risk of Heart Trouble«, *Journal of the American Heart Association*, 2003
»Little ›Weekend Effect‹ Related to Intensive Care Admission«, *Medical Care*, 2002

»Lonely People Face Higher Risk of Heart Disease«, *Psychosomatic Medicine*, 2002
»Low Vitamin C Intake Linked With Stroke Risk«, *Stroke: Journal of the American Heart Association*, 2002
»Majority of U. S. Adults Have Some Health Problems«, *American Journal of Health Promotion*, 2002
»Managing Fatigue«, Mayo-Klinik, Rochester (Minnesota), 2002
»Many Young Americans Risk Skin Cancer from Annual Sunburns«, *American Journal of Preventive Medicine*, 2002
»Medical Residents Fail to Perform Self Exams«, Medical College of Georgia, Augusta (Georgia), 2003
»Meditation Effects on Immune System«, University of Wisconsin, Madison (Wisconsin), 2003
»Memory Isn't Lost – Just Out of Sync.«, University of Arkansas, Fayetteville (Arkansas), 2002
»More Exercise, Les Smoking May Extend, Enhance Life Even at Advanced Age«, *Psychosomatic Medicine*, 2002
»More Health Care Doesn't Equal Better Health Care«, *Annals of Internal Medicine*, 2003
»Most Golf ›Yippers‹ Perceive Symptoms as Physical, not Psychological«, Mayo-Klinik, Rochester (Minnesota), 2003
»Mothers Who Lose Weight After the Birth of Their First Child Have a ›Can Do‹ Attitude«, *Journal of the American Dietetic Association*, 2001

»Nearness of Supermarkets Boosts People's Intake of Nutritious Fruits, Vegetables«, *American Journal of Public Health*, 2002
»New Food-Addiction Link Found«, *Synapse*, 2002
»One-on-One With Pharmacists Gives Patients Medication Advantage«, *American Journal of Health-System Pharmacy*, 2002
»Only 5 to 10 Percent of Cancers Are Inherited«, Mayo-Klinik, Rochester (Minnesota), 2002
»Physicians Honor Patient Requests for Advertised Drugs«, Food and Drug Administration, Washington, D. C., 2002
»Piercing Your Ears? Stick to the Lobes«, *Infectious Diseases Society of America*, 2002
»Poor Sleep Linked to Earlier Death in Older Adults«, *Psychosomatic Medicine*, 2003
»Preventing Food-Borne Illness When Cooking and Eating Outdoors«, Cedars-Sinai Medical Center, Los Angeles (Kalifornien), 2002
»Regular Soap Safer than Antibacterial Soap«, Hackensack University Medical Center, Hackensack (New Jersey), 1999
»Religiosity Effect on Mental Health«, Columbia University, New York (New York), 2003
»Researches Link Red Wine to ›Good Cholesterol‹«, *Alcoholism: Clinical and Experimental Research*, 2002
»Sense of Control Eases Physical Toll of Stressful Situation«, *Psychophysiology*, 2002

»Sex Discrimination in Your Medicine Cabinet«, Society for Women's Health Research in Washington, D.C., 2002
»Sick-Building Syndrome«, Weltgesundheitsorganisation (WHO), Genf, 2001
»Skip the Elevator«, Centers for Disease Control, Atlanta (Georgia), 2000
»Smoking Outside Still Causes Secondhand Smoke Exposure to Children«, Columbus Children's Hospital, Columbus (Ohio), 2002
»Snacking Linked to Lower Cholesterol«, Mayo-Klinik, Rochester (Minnesota), 2002
»Spouses Often Mirror Each Others' Health«, *Social Science and Medicine*, 2002
»Strong Religion Helps Cardiac Rehab Patients in Recovery«, *Journal of Cardiopulmonary Rehabilitation*, 2002
»Study Links Medicaid, Hypertension Risks, University of South Carolina, Columbia (South Carolina), 2002
»Study Warns of Eating Meals in Front of TV«, *Journal of Developmental and Behavioral Pediatrics*, 2002
»Super-Hydration«, *American Journal of Physiology*, 2002
»Supportive Spouse, Family, Friends Contribute to ›Successful Aging‹, *Psychosomatic Medicine*, 2002
»Teen Anxiety, Chances of Harmful Smoking and Eating Behavior Higher than Expected«, *Journal of the American Academy of Child and Adolescent Psychiatry*, 2002

»Teens and Tanning: a Dangerous Combination«, American Academy of Dermatology, New York (New York), 2003

»Time to Debunk Cold-Season Myths«, University of Texas Southwestern Medical Center, Dallas (Texas), 2002

»Tobacco Smoke Linked to Reading, Math, Logic, and Reasoning Declines in Children«, Cincinnati Children's Hospital, Cincinnati (Ohio), 2002

»Toothbrush and Floss Compare Well to Electric Versions, University of Texas Southwestern Medical Center, Dallas (Texas), 2002

»When Travelling, Leave the Extra Baggage at Home«, American Academy of Orthopaedic Surgeons, Rosemont (Illinois), 2002

»Whitening May Cause Short-Term Tooth Sensitivity«, *Journal of the American Dental Association*, 2002

»Why do the Elderly Fall?«, Virginia Tech, Blacksburg (Virginia), 2002

»Women's Shoes Increase Risk of Osteoarthritis«, University of Virginia, Charlottesville (Virginia), 2003

»Work and Marriage Influences Blood Pressure«, American Society of Hypertension, 2002

»Workside Program to Stop Smoking Among Blue-Collar Workers Yields Notable Success«, *Cancer Causes and Control*, 2002

»Yoga May Be Prescription for Better Health«, Florida State University, Tallahassee (Florida), 2002